自分
へんて　　　　　　　　メ

∧∧

ippoたおか

誠文堂新光社

contents

1
⌃⌃
ネコ

2
⌃⌃
キツネ

3
⌃⌃
ゾウ

4
⌃⌃
ウサギ

introduction
はじめに

〰〰

この本を手にとったあなたは、きっとぬいぐるみが大好きですね。
ぬいぐるみは見ているだけでも幸せな気分になります。
手のひらにのせたり、抱っこしたりすると、
愛おしさがあふれてきます。

初めての方も、すでに作っている方も、
この本で世界にひとつだけのぬいぐるみを作る
楽しさに浸ってください。

絵本から飛び出してきたような子、
カバンに入れてどこにでも連れていける子、
一緒にカフェで過ごす子、
悲しい時に励ましてくれる子……。

失敗しても大丈夫、そこがチャームポイントになります。

ぬいぐるみを作っていると、途中で命が宿る瞬間があります。
自分の手から離れて、あなたに話しかけてきます。
その至福の瞬間をお楽しみください。

ippo たおか

1

⌃⌃

ネコ

ネコは可愛い動物ですが、
この子はドラネコ感が全開。
目の角度で表情が変わります。

how to make...P.30　　pattern...P.74

2

⋀⋀

キツネ

ツンとすました顔が特徴。
鼻先は尖れば尖る程
クールな印象になります。

how to make...P.44   pattern...P.76

3

⌒⌒

ゾウ

眠たげな目元とぽってりした体形が
チャームポイントの赤ちゃんゾウ。
スタイとパンツも合わせてみました。
how to make...P.48　pattern...P.78

4

∧∧

ウサギ

手足には角度をつけて、ぴょんぴょん
飛び跳ねる躍動感を出しましょう。
メインカラーはホワイトとピンクで可愛らしい雰囲気に。
how to make...P.50   pattern...P.80

5

⋀⋀

ヤギ

のんびりとした雰囲気の白ヤギ。
ロングファーのひげと粘土で作ったつのと爪で、
ヤギらしさを際立たせます。
how to make...P.52　　pattern...P.82

6

〜〜

ベア

人間の子がクマに化けているイメージで制作しました。
ポイントはおでことほっぺ。
糸を引いて、凹凸をつけます。
how to make...P.54　　pattern...P.84

7

∧∧

アヒル

呑気そうなアヒルの赤ちゃん。
足は粘土と針金で作ります。左右の大きさを合わせて
バランスを取りながら作ると、ちゃんと自立します。
how to make...P.58　　pattern...P.86

8

︿︿

小さい鳥

小さめサイズですが、様々な素材を組み合わせています。
工作するように楽しんで作ってください。
色違いで種類の違う鳥に。

how to make...P.62   pattern...P.87

9

〽〽

かんたんベア

2枚はぎなので手軽に作れるぬいぐるみ。
トイスケルトンを入れると、
自由なポーズをつけることができます。
how to make...P.64　　pattern...P.88

かぶりものは3種類用意しましたが、
ご自身のアイデアで自由にアレンジしてください。
本体と色のバランスを考えましょう。

10

〰

小さい動物

手のひらにおさまる
ミニサイズのマスコット。
左からウシ、ネコ、ヒツジ。
how to make...P.68　　pattern...P.94

同じベアの型紙でも、生地の種類や
パーツの形を変えるだけで
雰囲気が変わります。

how to make

さっそく自分だけのぬいぐるみを
作ってみましょう。
出来上がる子の性別や性格、年齢を思い浮かべて、
どんな子に仕上げたいかイメージを膨らませてください。

1
生地を染める

型紙に合う生地選びと染色からスタートです。
毛の長さや質感によって、同じ色でも随分違って見えますよ。

⌄

2
裁断、縫い合わせる

長い毛足のものを裁断する時は、
毛を切ってしまわないように気を付けます。縫い合わせた後と、
生地を表に返した時には都度、目打ちを使い毛を引き出します。

⌄

3
詰め物をする

わたの場合は固く詰めるか、
柔らかく詰めるかで違った仕上がりに。
ステンレスボールで重さを出す場合もあります。

⌄

4
顔を作る

とても楽しい作業です。最初に思い浮かべた子に近づくように、
目鼻のパーツをいろいろ置き換えながら試します。

⌄

5
仕上げ

いろいろな角度から眺めてみて、
自分のイメージに近づくよう、毛を刈り込んだり、
アルコールマーカーでさらに着色して仕上げます。

ぬいぐるみ作りの道具と材料

ぬいぐるみ作りに必要な道具と、材料を紹介します。
生地についてはP.22、粘土パーツについてはP.27で詳しく解説します。

a 布用ボールペン
生地に型紙を写したり、顔のパーツの位置を決めるのに使います。水やアイロンの熱で消せるタイプも便利。

b 手芸用はさみ
生地を裁つのに使います。刃先の細いパッチワーク用が便利。紙用のはさみとは分けましょう。

c 目打ち
生地にジョイント用の穴をあけたり、縫い込まれた毛を引き出すのに使用。

d 鉗子
細かいパーツを表に返す時に使います。

e コッターキー
ジョイントのピンを巻く時に使用。わたを詰めるのにも使えます。

f 縫い針
生地の厚さや作るベアの大きさに合わせて、サイズを変えます。

g まち針
耳や鼻のパーツを仮どめする時に使用。

h ぬいぐるみ針
長くて太めの針。目をつける時に使います。

i 仮どめクリップ
厚手の生地も固定しやすい。まち針の代わりに使用。

j すきばさみ
長い毛足をすきたい時に使います。人間の散髪用のもの。

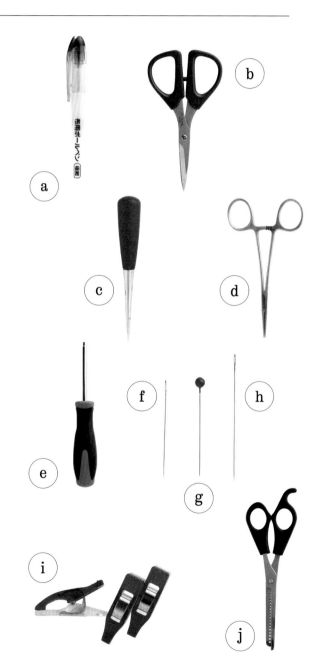

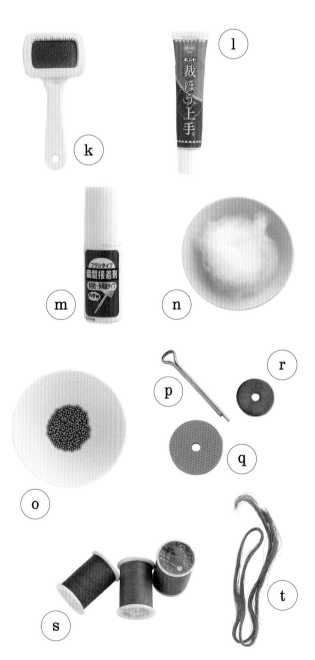

k 毛立て用ブラシ

縫い目の毛をかき出したり、毛並みを整えるのに使用。

l 手芸用接着剤

パーツを縫わずに貼り付けたい場合や、短い毛をまぶす際などに使用。

m 瞬間接着剤

粘土パーツをよりしっかりつけたい時に使用。刷毛タイプが便利。

n 手芸用わた

きっちり詰めて固くするのもよし、柔らかく詰めるのもよし。最もよく使われる詰め物。ポリエステル製。

o ステンレスボール

ステンレス状の詰め物。重さを出したい時に使う。

p,q,r ジョイント

ピン(p)1本、ハードボードディスク(q)とワッシャー(r)各2枚で1セット。コッターキーでピンを巻く。

s 手縫い糸

生地と近い色の、丈夫なキルティング糸40番を使用。

t 目付糸

太さ8番の、かなり丈夫な糸。目玉パーツと、首のジョイントを縫う時に使用。

生地を染める

生地は必ず自分で染めています。
生地の色は作品の雰囲気に大きく影響します。とても好きな作業です。

〈 生地の種類 〉

この本で使用した、染めやすい素材の生地を紹介します。
白色の生地を用意し、好みの色に染めていきます。
同じ種類の生地でも、毛足の長さによって印象が異なります。
※購入店は P.72 を参照。

モヘア
アンゴラヤギの毛から作られた天然繊維の生地。テディベアなどによく使用されており、高級感のある仕上がりになる。

ビスコース
レーヨン素材の一種。光沢があり、染色性もよい。毛足が短いものは小さめの作品におすすめ。

シルクファー
シルク製のファー生地。上品な光沢があり、触り心地は極上。紫外線で変色しやすいので、作品を飾る場所には注意する。

別珍（べっちん）
綿100%のものを使用する。表面はパイルが短くカットされており、毛羽立っている。

レーヨンシール
柔らかい触り心地。シワになりやすい特性を生かして、あえて水通しを行い、毛流れをランダムにすることも。

Point

・下記の順で染まりやすい。

綿（100%）
↓
ビスコース
↓
レーヨン
↓
シルク
↓
モヘア

・アクリル、ポリエステル製の生地は染まりづらいので、基本的には使用していない。

〈 用意するもの 〉

生地を染めるために必要な道具を紹介します。
染料以外は、どれも一般的な家庭にあるものばかりなので、
案外簡単に染めることができます。

染料 (好みの1〜3色)	茶碗 (染料の色数分)	湯 (85℃以上)	バット
新聞紙	割りばし	ビニール 手袋	

この本では染料は「みやこ染
め コールダイオール」(桂屋)を
使用。中身は粉状で、お湯に溶
かして使用する。

Point
仕上げのペイントについて

ぬいぐるみが完成した後に、追加で着
色する場合もあります。筆を使ってよ
り細かい模様をつけたり、アルコール
マーカーやスタンプ用インクでヴィン
テージ風に見える汚し加工をします。

スタンプ用インク(顔料系)

アルコールマーカー

〈 染め方の手順 〉

自分がイメージした色に近づけるためには、
一度に混色せずに1色ずつ段階を踏みながら染めるのがコツです。
今回はモヘアを少しくすんだオレンジ色に染めてみます。

※他の染料を使う場合、お湯の温度や分量は取り扱い説明書に準じて下さい。

1

生地は水通しして軽く絞り、空気を抜いておく。

2

茶碗の半分くらい（約100㎖）まで熱湯を入れ、染料を小さじ⅓程度加える。火傷しないように注意。

3

粉気がなくなるまで、割りばしでよくかき混ぜる。

4

1〜3と同じ要領で、赤（赤）、黄色（イエロー）、グレー（パールグレー）の3色を用意します。

5

バットに人肌くらいの温度のお湯を約1ℓ入れる。

6

5にベースとなる最初の1色目を加える（今回は赤）。全部は入れず、半分ほど残しておく。

7

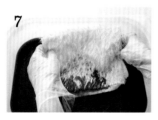

手袋をして生地を染料に浸す。

8

均等に染まるよう、空気を抜くように1分ほど揉み込む。毛足が短いほど早く染まる。

9

よく絞り、新聞紙の上に広げる。色が薄かったら、6でとっておいた染料を足し、希望の色になるまで7〜8を繰り返す。

10

赤色の染料を捨て、人肌のお湯1ℓ、黄色の染料を半分入れる。

11

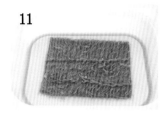

7〜8と同じ要領で染める。

12

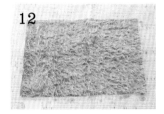

よく絞り、取り出す。

13

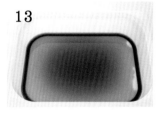

黄色の染料を捨て、人肌のお湯1ℓ、グレーの染料を半分入れる。

14

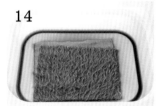

7〜8と同じ要領で染める。

15

よく絞り、取り出す。

16

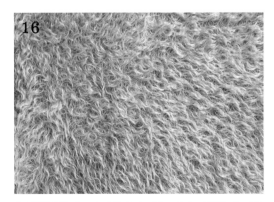

丸1日陰干しし、よく乾かす。乾いたら毛流れをブラシで整えて、完成。

Point

・最後にグレーで染めることで、彩度が調節できる。

・乾くと色が薄くなるので、仕上げたい色より若干濃いめに染めておく。

・同じ染料でも、濃度、気温、お湯の温度などによって、仕上がりの色は異なります。

〈 むら染めの手順 〉

わざと染めむらができるような染め方も紹介します。

むら染めした生地でぬいぐるみを作ると、ヴィンテージ感が出ます。

※写真では綿100%の別珍を使用しています。

1

緑　紫　青

好みの色を2〜3色、茶碗に用
意する（P.24、2〜3参照）。

2

乾いた生地をくしゃくしゃに
丸め、少しずつ染料をつける。

3

いったん広げ、再度くしゃ
くしゃに丸めて、違う色で繰り返
す。

〜〜〜〜〜〜〜〜〜〜〜〜〜〜〜〜〜〜〜〜〜〜〜〜〜〜〜〜〜〜〜

Point

乾いた生地を染めるか、水通しして濡らした生地を染めるかでも仕上がりが変わります。

水通しした生地で染める場合は、色が薄くならないよう軽く絞っておきます。

乾いた生地を染めた場合

1色のみで染めた状態

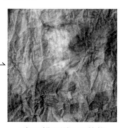

3色で繰り返した状態

色の境目がはっきり分かれた仕上がりになる。

濡らした生地を染めた場合

1色のみで染めた状態

3色で繰り返した状態

色の境目がぼやけ、濃淡の差がやわらかい仕上がりになる。

〜〜〜〜〜〜〜〜〜〜〜〜〜〜〜〜〜〜〜〜〜〜〜〜〜〜〜〜〜〜〜

粘土でパーツを作る

目玉や爪、くちばしなどのパーツも自分で手作りすれば、
好きな形・大きさ・色にでき、既製品にはない魅力的なぬいぐるみになります。

〈 粘土の種類 〉

ぬいぐるみのどの部位のパーツを作るかによって粘土の種類を変えます。
それぞれの粘土の特徴とメリットを活かすようにして選びましょう。

石塑粘土
（せきそ）

「ラドール」（株式会社パジコ）。きめ細やかで強度があり、乾いたあとの磨き作業がしやすい。鼻、肉球パーツなどに使用。

木質粘土

「ウッドフォルモ」（株式会社パジコ）。天然の木をあら挽きして作られており、乾くとざらざらした質感に。色は塗らずに、粘土そのものの色を生かす。

紙粘土

「かるがる」（株式会社パジコ）。軽くて色が白く、絵の具で着色してもきれいに発色する。粘土パーツに直接針と糸を通して縫いつけることができる。

オーブン粘土

オーブンで加熱すると陶器のように固くなる。加熱すると若干収縮するので、やや大きめに作っておくと良い。「FIMO」のものを使用。

樹脂粘土

半透明感のある白色で、光沢がある。自然乾燥で硬化する。目玉パーツに適している。「DAISO」で購入。

〈用意するもの〉

水性タイプのニス
「ウルトラバーニッシュ」（株式会社パジコ）。超光沢仕上げのタイプを使用。目玉パーツに塗ってツヤを出す。

紙やすり
粘土が乾いたあとに磨いて表面をなめらかにしたり、削って形を作ったりする。60〜240番を使用。樹脂粘土には使えない。

針金
基本的に直径0.55mmの銅線を使用。カットした針金を粘土パーツに加えることで、ぬいぐるみに突き刺して取りつけることができる。

ニッパー
針金を切るのに使用。

アクリル絵の具
粘土に混ぜたり、乾いたあとに表面に筆で塗って着色する。

Point

重さを量る
両足や両手など、同じサイズを複数作る必要がある時は、はかりを使用してパーツの重さを合わせる。

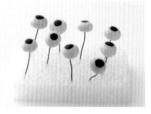

多めに作っておく
サイズや形のバリエーションをあらかじめ多めに作っておくことで、顔の表情を決める時に、直接あてて確認できる。

〈 目玉の作り方 〉

目玉はすべてこの作り方。
横長にしたり、大きくしたり、形によって表情が変わる重要なパーツです。

1

樹脂粘土を丸め、2cm程度に
カットした針金を刺します。

2

粘土が完全に乾いたら、アル
コールマーカーで黒目を描きま
す。アクリル絵の具で描いても
OK。

3

仕上げにニスを塗って、ツヤを
出します。10分ほど乾かして
完成。

〈 肉球の作り方 〉

動物のぬいぐるみの手足には欠かせない、肉球の作り方を紹介します。

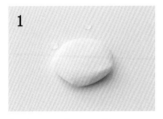
1

紙粘土を、平たい円形につぶす。
ぬいぐるみの手または足のサ
イズよりやや小さめに。

2

小さい丸いパーツを3つ作り、
水をつけて写真のように1に
のせる。

3

手のひらのパーツは少し平た
くしてのせる。

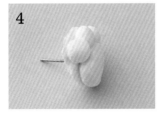
4

カットした針金を裏側の中心
に刺し、完全に乾かす。ぬいぐ
るみに取りつけられるよう、針
金を1cmほど残しておく。

5

好みの色に着色する。写真の
左側はアルコールマーカー、右
側はアクリル絵の具で着色し
た。

6

ぬいぐるみに取りつける。詳
しいつけ方はP.34参照。

1

⌒

ネコ

pattern...P.74

このネコで基本の作り方を詳しく紹介します。
他の動物も同様に作れるので参考にして下さい。
作品例のようなしま模様にする場合は、模様がはっきり出るように、
ベースの生地は比較的薄めの色で染めてください。

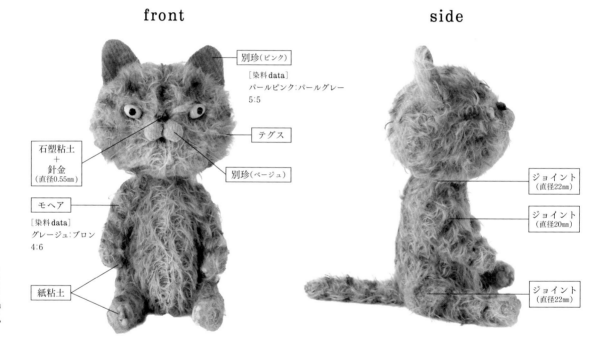

front

別珍（ピンク）

［染料data］
パールピンク：パールグレー
5：5

テグス

石塑粘土
＋
針金
（直径0.55㎜）

別珍（ベージュ）

モヘア

［染料data］
グレージュ：ブロン
4：6

紙粘土

side

ジョイント
（直径22㎜）

ジョイント
（直径20㎜）

ジョイント
（直径22㎜）

材料［身長約19㎝］

- モヘア ― 23×18cm（1/16ヤード）
- 別珍（ベージュ）― 5×5cm
- 別珍（ピンク）― 8×8cm
- 目玉パーツ（P.29参照）― 1組
- 肉球パーツ（P.29参照）― 2組
- テグス（5号）― 20cm

- 石塑粘土、針金（直径0.55㎜／鼻用）― 各適量
- ジョイント
  （頭…直径22㎜×1、腕…直径20㎜×2、足…直径22㎜×2）
- 縫い糸、目付け糸、わた、
  ステンレスボール、染料 ― 各適量

〈 生地をカットする 〉

生地の裏側に布用ボールペンで型紙を写しとり、生地をカットします。
型紙に左右対称と指示がある場合は、向きを必ず逆向きにします。

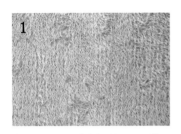

1 起毛している表側を見て、毛流れを確認する。

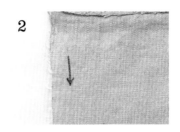

2 裏側に毛流れの印を書いておく。短毛やランダムなモヘアなど、毛流れがよく分からないものは気にしなくてよい。

3 切り抜いた型紙をあてて、毛流れの向きに注意しながら生地に書き写す。必ず縫い代分（5mm）の間隔をあけること。

4 すべて写し終わったところ。ジョイントをつける位置の印も×でつけておく。

5 耳の前面布、ひげ袋は別珍の生地に写す。

6 縫い代をとりながらカットする。

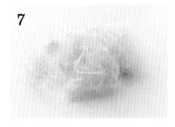

7 余った生地の毛を刈り取って、とっておく（あとで使用する）。

Point

生地をカットする際は毛足を切らないようにはさみの先端を使って小さなステップで土台布だけをカットする。

next page >>

〈腕・足を作る〉

まずは腕から作っていきましょう。
足の作り方は腕と同じです。糸は2本どり。

8

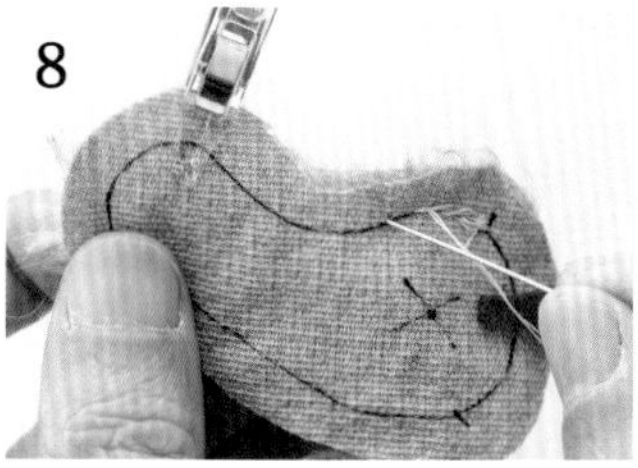

仮どめクリップで腕のパーツを中表に合わせ、半返し縫いで縫っていく。

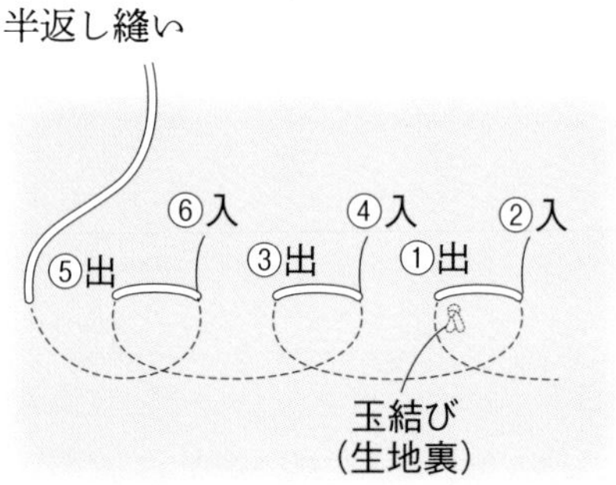
半返し縫い
⑥入
④入
②入
⑤出
③出
①出
玉結び
(生地裏)

針を出したところから半分返しながら、しっかり糸を引いて縫っていく。強度が増し、丈夫な仕上がりに。

9

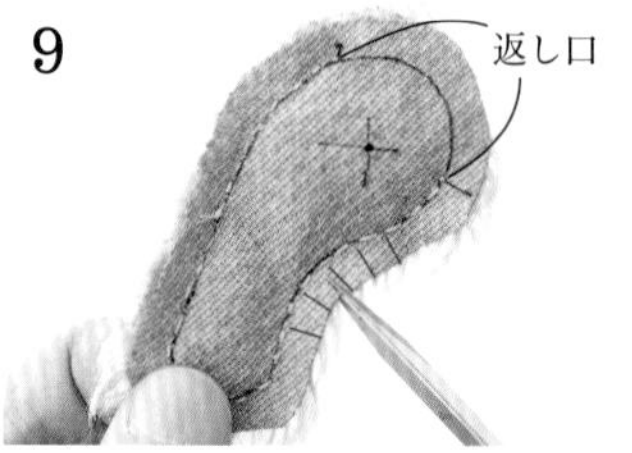
返し口

返し口を残して縫い終わったところ。カーブが強いところには縫い代に切り込みを入れる。

10

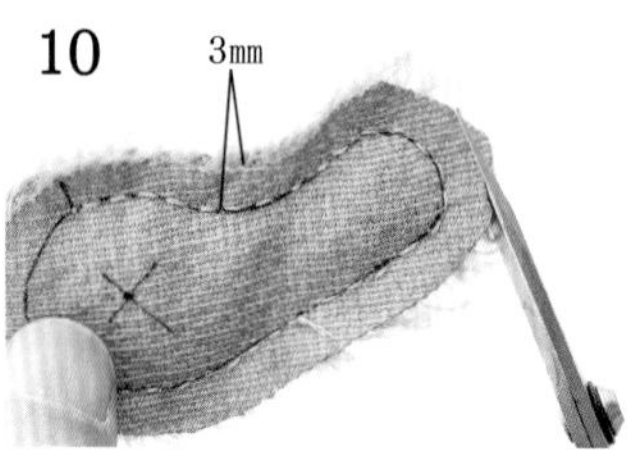
3mm

縫い代を3mmほどに短くカットする。

11

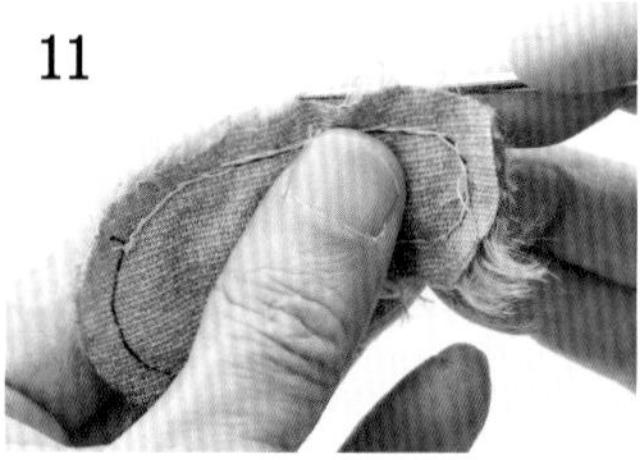

目打ちを使い、縫い目に巻き込まれた毛足を引き出す。

12

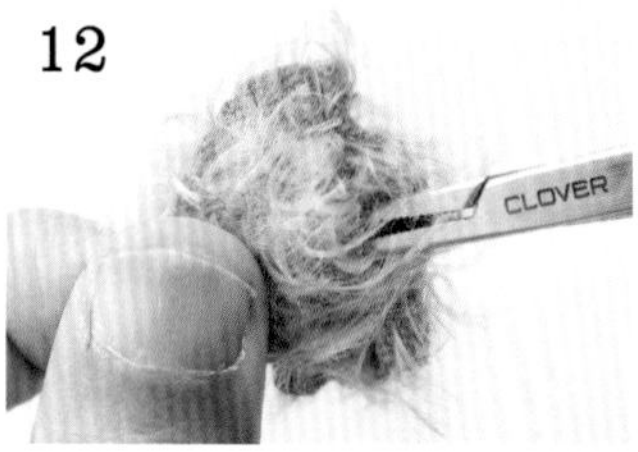
CLOVER

鉗子を使って表に返す。

13

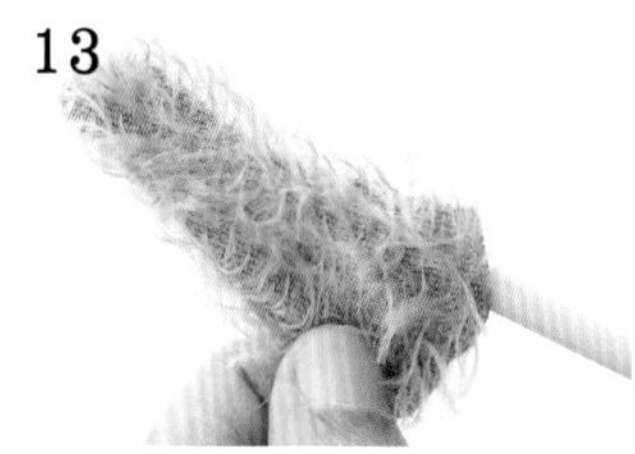

割りばしなどを使い、裏側からも押し出して形を整える。

14

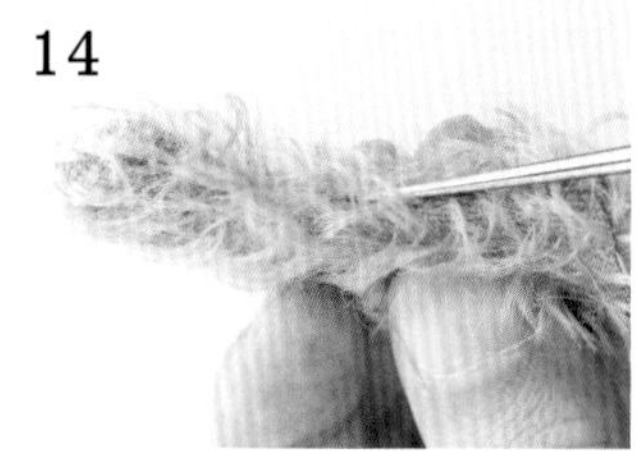

目打ちを使い、縫い目に巻き込まれた毛足を引き出す。毛出しの作業は、どのパーツを作る時にも必ず行う。

〈ジョイントをセットする〉

ジョイントセットのやり方を解説します。ジョイントのサイズは±1㎜までなら違っても大丈夫です。関節部分に使用することで、手足、頭が自由に可動するぬいぐるみになります。

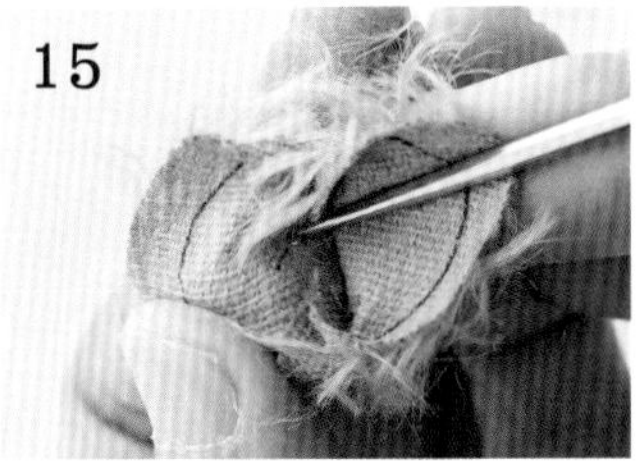
15

ジョイントのピンを通す印を確認し、目打ちで生地に穴をあける。内側のみ。左右で向きが違うので注意。

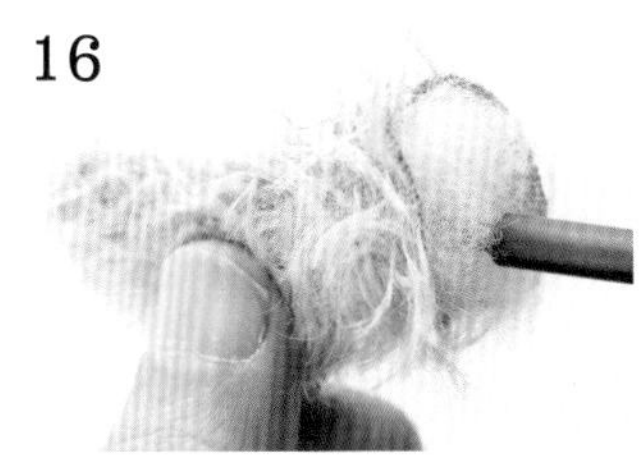
16

半分くらいまでわたを詰める。コッターキーや割りばしなどを使うと詰めやすい。

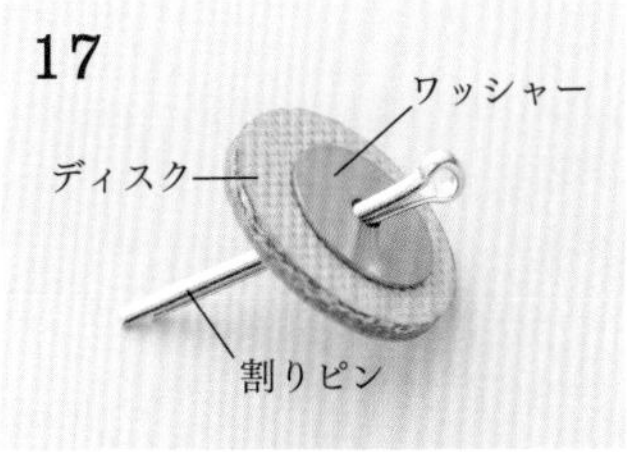
17
ワッシャー
ディスク
割りピン

ジョイントは写真のようにセットする。サイズの間違いに注意。腕は20㎜、足は22㎜を使用。

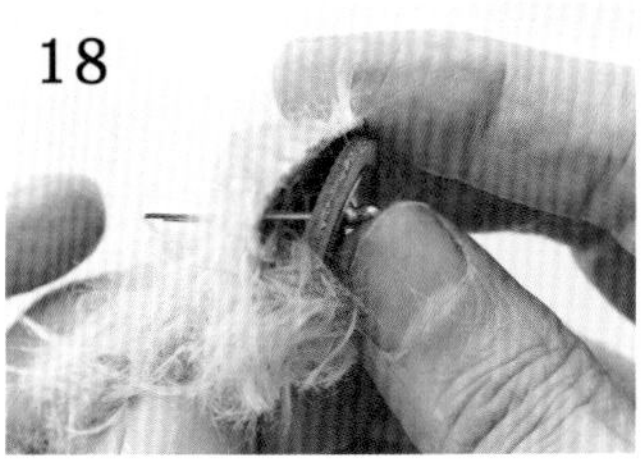
18

生地の裏側からピンを差し込む。

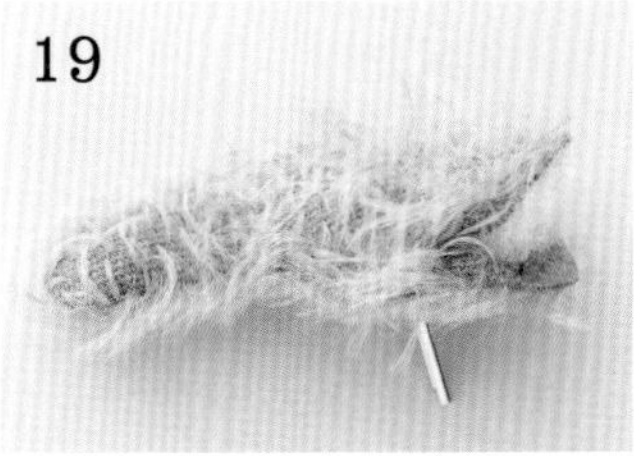
19

いっぱいになるまで、さらにわたを詰める。

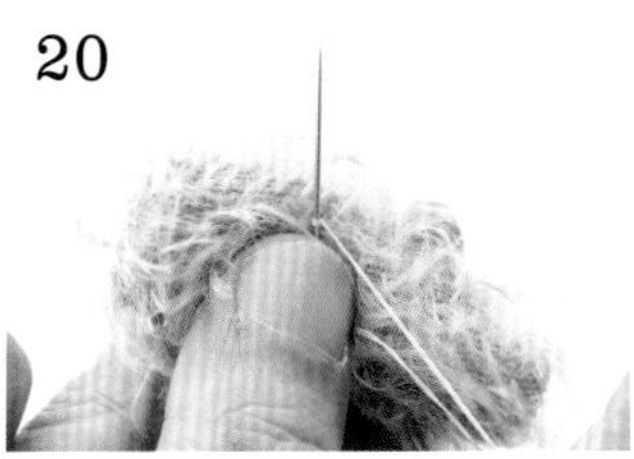
20

縫い代を内側に折り返しながら、2本どりでコの字とじで縫い、玉どめをする。

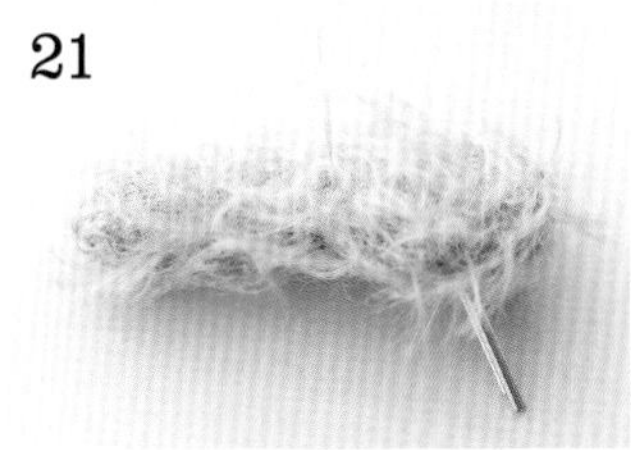
21

糸を離れた位置に出し、糸を引いて玉どめを内側に隠す。

コの字とじ

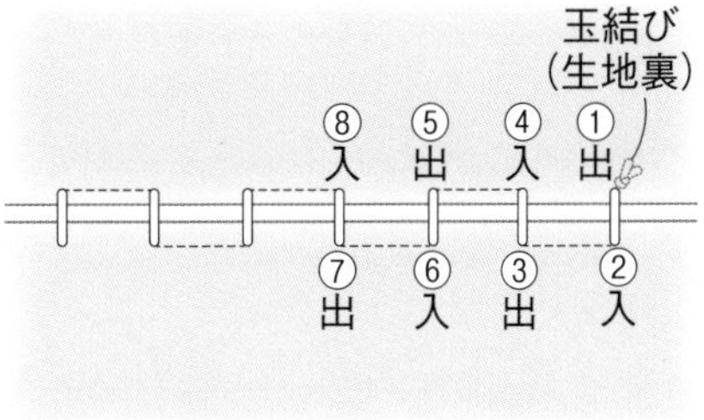
玉結び
(生地裏)
⑧入
⑤出
④入
①出
⑦出
⑥入
③出
②入

コの字を書くように生地をすくいながら縫っていく。縫い目が目立たずきれいな仕上がりになる。

next page >>

22

8〜21と同様に、腕と足を2本ず
つ作る。

Point

ジョイントは様々な大きさのも
のがあるが、型紙よりやや小さ
めを選ぶと失敗しにくい。

〈 肉球をつける 〉

肉球パーツの作り方はP.29参照。一気に手足が動物らしくなります。

23

肉球をつける位置の毛を短くカッ
トする。

24

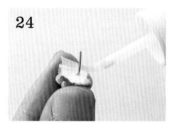

肉球パーツの裏側に瞬間接着剤
を薄く塗る。

25

パーツの針金を刺し、接着する。

26

パーツと生地の境目に手芸用接
着剤を少量のばす。

27

7（P.31）でカットしてとっておい
た短い毛をまぶして境目をなじ
ませる。

28

他の腕と足にも同様に肉球をつ
けて、完成。

〈 頭を作る 〉

作品の印象を決める重要なパーツ。きちんと左右対称になるよう、
ずれないように縫い合わせ、バランスを見ながらわたを詰めます。糸は2本どり。

29

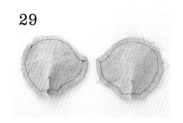

頭(側面)のダーツを半返し縫いで縫う。

30

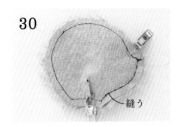

29を中表に合わせて、首から鼻下までを半返し縫いで縫う。

31

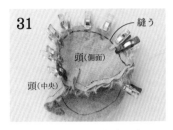

頭(中央)のパーツを中表に合わせて縫う。ずれやすいので、仮どめクリップで細かくとめ、はずしながら縫う。

32

頭(中央)の両側を縫い、すべて縫い合わせたところ。鼻先は何度か針を入れ、丈夫にしておく。

33

表に返して、わたを詰める。型崩れしないよう固めに詰める。

34

写真のように目付け糸を2つに折り、折った方を玉結びにする。糸端2本を針に通す。この通し方だと、やり直ししやすい。

35

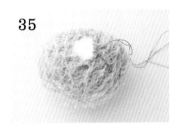

首の返し口から5mmの位置をぐるりと1周、ぐし縫いする。玉どめはまだしない。

36

22mmのジョイントを割りピンを上にして入れて、糸を引きしぼる。

37

ピンの根元に糸をかけながら、さらに引き締めるように繰り返し縫い、玉どめをする。ジョイントが真っすぐになるよう気をつける。

next page >>

〈 耳を作る 〉

外側の生地はモヘア、内側の生地は別珍を使用。糸は2本どり。

38

内側・外側の生地を中表に合わせ、返し口を残して半返し縫いで縫う。

39

表に返し、縫い代を内側に折り込んでコの字とじで返し口縫う。

40
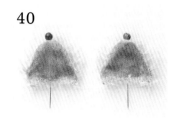
耳の完成。後で頭に仮どめするため、まち針を写真のように刺しておく。

〈 ひげ袋を作る 〉

動物の口元のふっくらした部分で、正式名称は「ウィスカーパッド」。小さいパーツなので薄い生地を選びましょう。糸は2本どり。

41
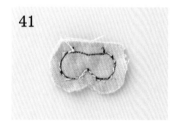
中表に合わせ、返し口を残して半返し縫いで縫う。縫い代を3mm幅にカットする。

42

表に返し、わたを詰める。

43
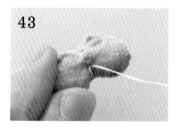
縫い代を内側に折り込んでコの字とじで返し口を縫い、中央をとめてへこませる。

〈 鼻を作る 〉

細かい毛をまとわせることで、よりリアルな仕上がりに。

44

粘土を鼻のサイズに丸め、約2cmにカットした針金を刺して乾かす。アクリル絵の具で好みの色に塗る。

45

手芸用接着剤を薄く塗り、**7**(P.31)でとっておいた短い毛をまぶす。

46

鼻の完成。

〈 顔のパーツの位置を決める 〉

顔のパーツは少しの位置の違いで印象ががらりと変わります。

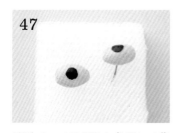

目玉パーツはP.29を参照して作
る。今回は楕円形に。

いろいろな位置にパーツを置い
てみて、好みの顔を探す。

パーツをつける位置が決まった
ら、アルコールマーカーなどで印
をつける。

〈 耳をつける 〉

立体的な部分を合わせて縫うので、ゆっくりていねいに進めましょう。糸は2本どり。

―――― 1回目
―――― 2回目

頭と耳を合わせて針を入れ、1回
目は耳の外側布と頭をコの字と
じ、2回目は耳の外側布、内側布、
頭をジグザグに往復で縫い、しっ
かり固定する。

玉どめし、離れたところから針を
出して糸を引き、玉どめを隠して
糸を切る。

もう片方の耳も同様につける。

next page >>

〈 目をつける 〉

いろいろなつけ方がありますが、この本ではアンティークのぬいぐるみに多いやり方を紹介します。
この方法だと、完成後に目をつけ替えたくなった時、
後頭部に出ている糸をカットすれば簡単に外せます。

53
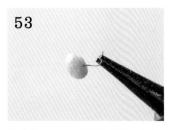
針金をペンチで曲げて輪にする。

54

輪にしたところ。

55
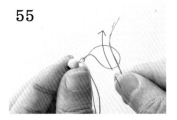
約60cmに切った目付け糸を半分に折って針金の輪に通し、写真のように糸を通して引く。

56

ペンチで針金の輪をつぶし、細くする。

57
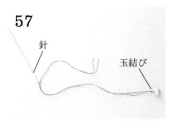
写真のように、ぬいぐるみ針に糸を通す。

58

49でつけた印の位置に目打ちで穴をあける。

59

目の位置に針を入れ、真後ろに出す。

Point

ぬいぐるみ針が2本ある場合は、両目同時に針を入れると位置の調整がしやすい。

60

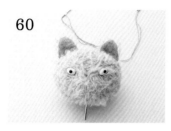

糸を引いて、針金を中に押し込む。

61

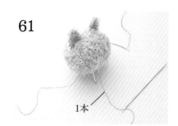

1本

2本どりの糸を1本、針から外す。

62

糸がついている針を、3㎜ほどずらした位置に針を入れる。

63

耳のつけ根から針を出して、糸を引く。

64

もう1本の糸を針に通し、同様に耳のつけ根（2㎜ほどずらした位置）から出す。

65

2本の糸を固結びにする。

66

針に2本の糸をまとめて通し、耳のつけ根に針を入れて糸を引き、結び目を隠す。

67

後頭部から糸を出し、カットする。

68

もう片方の目も同じようにつける。

next page >>

〈 ひげ袋と鼻をつける 〉

鼻とひげ袋をつけるとだいぶ顔らしくなります。
手縫い糸1本どりで縫っていきます。

69
ひげ袋をつける位置に、まち針で
仮どめする。

70
表にひびかないよう、コの字とじ
で周りを縫う。

71
鼻をつける位置に目打ちで小さ
く穴をあける。

72
鼻パーツの針金部分に、瞬間接
着剤を塗る。

73
鼻を差し込み、周りに手芸用接着
剤を薄く塗る。

74
7（P.31）でカットしておいた毛を
まぶす。

〈 ひげをつける 〉

テグスを好みの長さに切ってひげにします。糸で作ってもOK。

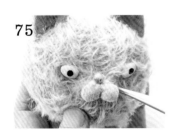
75
ひげをつけたい位置に、目打ちで
穴をあける。

76
テグスに手芸用接着剤を少量つ
け、差し込む。好みの本数をつけ
る。

77
目打ちの先を使い、あいた穴に瞬
間接着剤をつけてふさぐ。うまく
ふさがらない場合は**74**と同様に
短い毛をまぶす。

〈 頭、体、手足をつなげる 〉

顔が完成したら、いよいよ胴体と手足、頭をつなぎます。
頭→腕→足の順でつけていきます。糸は2本どり。

78

ダーツを縫い、胴体を中表に合わせ、返し口を残し半返し縫いで縫う。

79

表に返す。

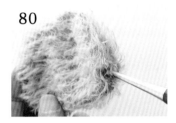

80

頭のジョイントを差し込む位置に、目打ちを使ってすき間をあける。

81

頭のピンを差し込む。

82

胴体側に出したピンに、ディスク（22㎜）、ワッシャーをセットする。

83

コッターキーでピンを1本ずつ外側に丸めていく。

84

両方丸めたところ。

85

同じ要領で腕、足もつける。ピンを差し込むところに目打ちで穴をあける。

86

頭、両腕、両足がついたところ。

next page >>

〈 詰め物をする 〉

胴体にわたを詰めていきます。わたのみだと柔らかい仕上がりになりますが、
重さを出したいときにはステンレスボールを入れます。

87

胴体にわたを詰める。最初は薄く広げたわたを全体に入れる。

88

重さを出すため、今回はステンレスボール(直径3mm)を入れる(わたのみでもよい)。漏斗があると入れやすい。

89

ステンレスボールを好みの重さになるまで入れたら、偏らないように、さらにわたを詰める。

90

背中の縫い代を内側に折りながら、4本どりでコの字とじで縫う。

91

わたが足りないと思ったら、すき間から細い棒などを使ってさらに詰める。

92

玉どめをし、離れたところから針を出して糸を引き、玉どめを内側に隠して糸をカットする。

〈 しっぽをつける 〉

ネコに欠かせないしっぽ。座った時にきちんとおさまる位置につけます。糸は2本どり。

93

返し口を残し、半返し縫いで周りを縫う。

94

表に返し、返し口の縫い代を内側に折り込む。

95

座った状態で床につくよう、しっぽをまち針で仮どめする。コの字とじで縫いつける。

〈 ペイントする 〉

最後の仕上げです。好みの模様にペイントしていきます。

96

お湯(40℃以上)にこげ茶色(ブロン)の染料を溶く。

97

しま模様の下地を筆で塗る。しっかり染まるよう、指で生地を揉む。

98

お腹は白っぽくしたいので、白色のスタンプ用インクでポンポンと色をつけ、アイロンで加熱する。

99

染料とインクが乾いたら、アルコールマーカーでしま模様を濃くするように描き足す。

100 完成！

お好みで洋服を作っても楽しい。ウールフェルトのベストは手軽に作れるのでおすすめ(作り方と型紙はP.75)。

2

〜

キツネ

pattern...P.76

白い生地でパーツを作り、後から部分染めします。
目はツリ目にするとよりキツネらしくなりますが、
固定しづらくなるので必要に応じて接着剤を使用してください。

front

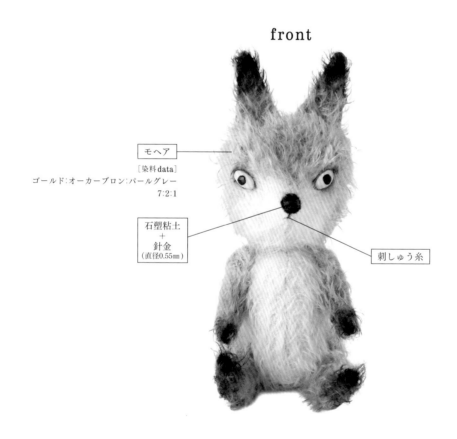

モヘア

［染料data］
ゴールド:オーカーブロン:パールグレー
7:2:1

石塑粘土
＋
針金
(直径0.55㎜)

刺しゅう糸

材料［身長約22㎝］

・モヘア ── 23×18㎝(1/16ヤード)
・目玉パーツ(P.29参照) ── 1組
・石塑粘土、針金(直径0.55㎜／鼻用) ── 各適量

・ジョイント
(頭…直径22㎜×1、腕…直径18㎜×2、足…直径25㎜×2)
・縫い糸、目付け糸、わた、刺しゅう糸、
ステンレスボール、染料 ── 各適量

作り方

1. 型紙を生地に写し、裁断する（P.31参照）。
2. パーツごとに中表に縫い、表に返す（P.32参照）。
3. 部分染めをする（P.46参照）。
4. 腕・足にジョイントをセットして、わたを詰める（P.33参照）。
5. 頭にわたを詰めて、ジョイントをセットする（P.35参照）。

6. 耳を作り、つける（P.36、37参照）。
7. 鼻を作る（P.36参照）。
8. 目と鼻をつける（P.38、40参照）。口を刺しゅうする。
9. 頭、体、手足をつなげる（P.41参照）。
10. 体に詰め物をして、しっぽをつける（P.42参照）。

side

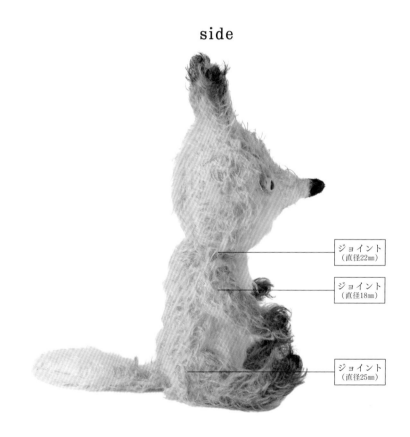

ジョイント
（直径22㎜）

ジョイント
（直径18㎜）

ジョイント
（直径25㎜）

next page >>

〈 部分染め 〉

染色前の白い生地で、ある程度形を作り、後から部分的に染めるやり方を紹介します。
白い部分を残す場合、染料が染みて広がってくるので、気持ち控えめで止めておきます。

染める前に、すべてのパーツを縫って表に返しておく。

顔と胴体は立体的なので、軽くわたを詰めておくと作業しやすい。

約50㎖のお湯に、染料を溶いて用意する。

耳、腕、足のパーツを浸す。30秒ほどよく揉み込み、引き上げて絞る。

しっぽの先端は白く残すので、根元から半分までを染める。

顔は首から鼻先までを白く残したいため、筆を使って慎重に染めていく。

7

指で毛足の根元までよく揉み込む。

8

胴体も顔同様に筆で染める。写真のように、同色のアルコールマーカーでガイドラインを引くと失敗が少ない。

9

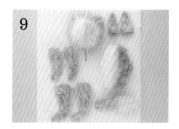

すべてのパーツを染めたところ。丸1日以上、よく乾かす。

10

約50㎖のお湯に黒色(ブラック)の染料を溶き、足・腕・耳の先端を染める。

11

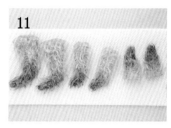

丸1日以上、よく乾かす。

12

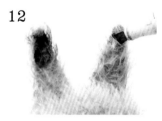

黒色のアルコールマーカーでさらに着色し、先端を濃くする。

3

⌃⌃

ゾウ

pattern...P.78

全体的にむっちりした体型なので、わたをしっかり、
手足のパッドが盛り上がるまで詰めます。耳の前面布は面積が広いので、
むら染めの生地を使うとヴィンテージ感が出ます。

front

目は上まぶたを生
地と同系色のアク
リル絵の具で塗っ
て、眠たげに。

別珍

［染料data］
パールピンク：パールグレー
5：5
※むら染め

ビスコース

［染料data］
パープル：ローズピンク：パールグレー
8：1：1
※むら染め

別珍

材料［身長約19cm］

- ビスコース ― 45×35cm(⅛ヤード)
- 別珍 ― 20×15cm
- 目玉パーツ(P.29参照) ― 1組

- ジョイント
  (頭…直径25mm×1、腕…直径20mm×2、足…直径25mm×2)
- 縫い糸、目付け糸、わた、
  ステンレスボール、アクリル絵の具 ― 各適量

作り方

1.型紙を生地に写し、裁断する(P.31参照)。
2.パーツごとに中表に縫い、表に返す(P.32参照)。
3.腕・足にジョイントをセットして、わたを詰める(P.33参照)。
4.頭にわたを詰めて、ジョイントをセットする(P.35参照)。

5.耳を作り、つける(P.36、37参照)。
6.目をつける(P.38参照)。
7.頭、体、手足をつなげる(P.41参照)。
8.体に詰め物をする(P.42参照)。

side

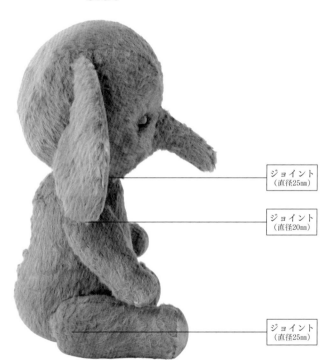

ジョイント
(直径25mm)

ジョイント
(直径20mm)

ジョイント
(直径25mm)

スタイ、パンツの作り方と
型紙は P.79、95。

4

∧∧

ウサギ

pattern...P.80

手の向きが他のぬいぐるみと違って、
内側に曲がっているので間違えないように注意。耳を立たせたい場合は、
根元を軽く内側に曲げて縫いつけます。

front

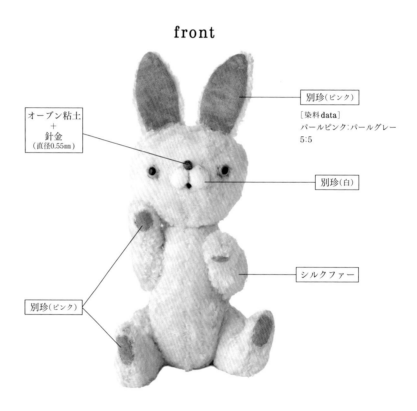

オーブン粘土
＋
針金
（直径0.55mm）

別珍（ピンク）

［染料data］
パールピンク：パールグレー
5：5

別珍（白）

シルクファー

別珍（ピンク）

材料 ［身長約20cm］

- シルクファー ― 23×18cm（1/16ヤード）
- 別珍（ピンク／耳・手足用） ― 20×15cm
- 別珍（白／ひげ袋用） ― 5×5cm
- 目玉パーツ（P.29参照） ― 1組
- オーブン粘土、針金（直径0.55mm／鼻用）

- ジョイント
  （頭…直径25mm×1、腕…直径18mm×2、足…直径25mm×2）
- 縫い糸、目付け糸、わた、
  ステンレスボール、アクリル絵の具 ― 各適量

作り方

1. 型紙を生地に写し、裁断する（P.31参照）。
2. パーツごとに中表に縫い、表に返す（P.32参照）。
3. 腕・足にジョイントをセットして、わたを詰める（P.33参照）。
4. 手足に、別珍（ピンク）を「貼るタイプの肉球のつけ方」（P.66参照）でつける。
5. 頭にわたを詰めて、ジョイントをセットする（P.35参照）。
6. 耳を作り、つける（P.36、37参照）。
7. 鼻とひげ袋を作る（P.36参照）。
8. 目、鼻、ひげ袋をつける（P.38、40参照）。
9. 頭、体、手足をつなげる（P.41参照）。
10. 体に詰め物をして、コの字とじでしっぽをつける（P.42参照）。

side

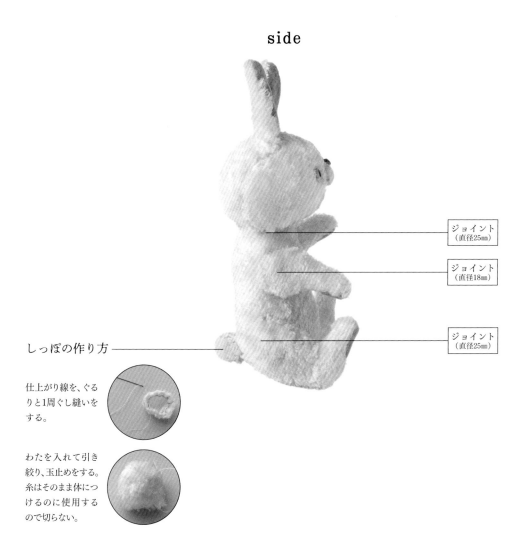

ジョイント
（直径25㎜）

ジョイント
（直径18㎜）

ジョイント
（直径25㎜）

しっぽの作り方

仕上がり線を、ぐるりと1周ぐし縫いをする。

わたを入れて引き絞り、玉止めをする。糸はそのまま体につけるのに使用するので切らない。

5

〉〈

ヤギ

pattern...P.82

ヤギの黒目は横長ですが、丸くしても可愛らしい印象になります。
耳は小さいので、外側布の毛は短く刈ってから縫い、
表に返してください。

front

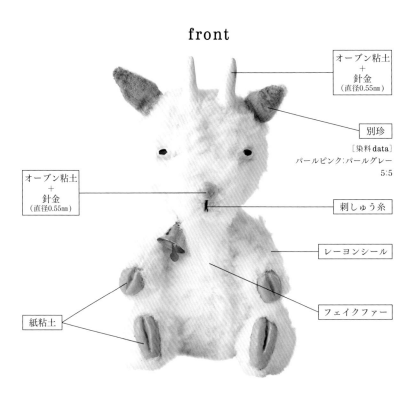

オーブン粘土
＋
針金
（直径0.55㎜）

別珍

［染料data］
パールピンク：パールグレー
5：5

オーブン粘土
＋
針金
（直径0.55㎜）

刺しゅう糸

レーヨンシール

フェイクファー

紙粘土

材料［身長約20㎝（つの含む）］

・レーヨンシール ─ 23×18㎝（⅟₁₆ヤード）

・別珍 ─ 5×5㎝

・長毛のフェイクファー（ひげ用）─ 2×2㎝

・目玉パーツ（P.29参照）─ 1組

・紙粘土 ─ 適量

・オーブン粘土、針金（直径0.55㎜／鼻、つの用）─ 各適量

・ジョイント
（頭…直径22㎜×1、腕…直径20㎜×2、足…直径22㎜×2）

・縫い糸、目付け糸、わた、ステンレスボール、
刺しゅう糸、アクリル絵の具 ─ 各適量

作り方

1. 型紙を生地に写し、裁断する(P.31参照)。
2. パーツごとに中表に縫い、表に返す(P.32参照)。
3. 紙粘土で爪を作り、手足の先に縫いつける。
4. 腕・足にジョイントをセットして、わたを詰める(P.33参照)。
5. 頭にわたを詰めて、ジョイントをセットする(P.35参照)。
6. あごの毛を刈って、2cm角のフェイクファーをまつり縫いでつける。
7. 耳を作り、つける(P.36、37参照)。
8. 鼻とつのを作る(P.36参照)。つのの作り方は鼻と同じ。
9. 目、鼻、つのをつける(P.38、40参照)。口を刺しゅうする。
10. 頭、体、手足をつなげる(P.41参照)。
11. 体に詰め物をして、しっぽをつける(P.42参照)。

side

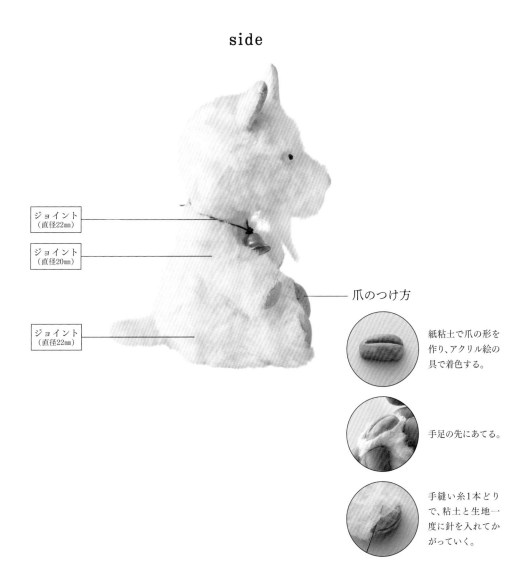

ジョイント
(直径22mm)

ジョイント
(直径20mm)

ジョイント
(直径22mm)

爪のつけ方

紙粘土で爪の形を作り、アクリル絵の具で着色する。

手足の先にあてる。

手縫い糸1本どりで、粘土と生地一度に針を入れてかがっていく。

6

〜〜

ベア

pattern...P.84

頭はモヘアと伸縮性のある生地（薄手の天竺ニット）を使用。
糸の引き加減、わたの詰め方に気を付けて
立体的な顔に仕上げます。

front

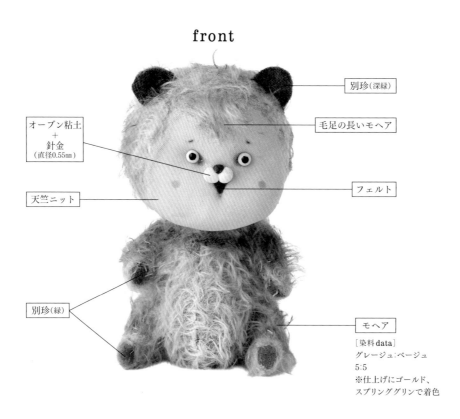

別珍（深緑）

オーブン粘土
＋
針金
（直径0.55㎜）

毛足の長いモヘア

天竺ニット

フェルト

別珍（緑）

モヘア

［染料data］
グレージュ：ベージュ
5：5
※仕上げにゴールド、
スプリンググリンで着色

材料［身長約15cm］

- モヘア ― 45×35cm（⅛ヤード）
- 天竺ニット ― 9×9cm
- 別珍（深緑・緑）― 各10×10cm
- モヘア（毛足長め／前髪用）― 5×3cm
- 目玉パーツ（P.29参照）― 1組

- オーブン粘土、針金（0.55㎜／鼻用）― 適量
- ジョイント
  （頭…直径22㎜×1、腕…直径15㎜×2、足…直径18㎜×2）
- 縫い糸、目付け糸、わた、
  フェルト、ステンレスボール ― 各適量

作り方

1. 型紙を生地に写し、裁断する(P.31参照)。
2. 頭を作る(P.56参照)。
3. パーツごとに中表に縫い、表に返す(P.32参照)。
4. 腕・足にジョイントをセットして、わたを詰める(P.33参照)。

5. 頭、体、手足をつなげる(P.41参照)。
6. 体に詰め物をする(P.42参照)。
7. 手足に、別珍(緑)を「貼るタイプの肉球のつけ方」(P.66参照)でつける。

side

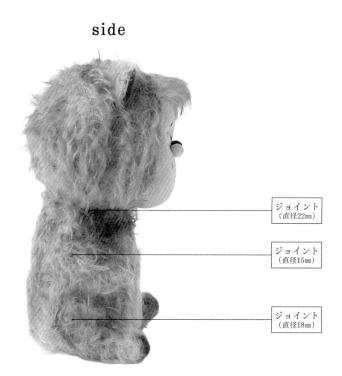

ジョイント
(直径22mm)

ジョイント
(直径15mm)

ジョイント
(直径18mm)

ネコバージョン

耳と目、手足の形を変えれば
ネコになります。しっぽもつ
けてください(P.42参照)。ジョ
イントのサイズはベアと同じ。

[染料data]
ローズピンク:パールピンク:パールグレー
7:3:1

next page >>

〈 異素材の布を組み合わせて頭を作る 〉

伸縮性のある生地を使って顔を作ってみましょう。表現の幅が広がります。糸は2本どり。

1

生地を型紙どおりに裁断する。

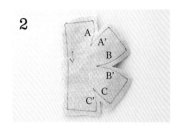

2

ダーツ（AとA'、BとB'、CとC'）を、半返し縫いで縫う。

3

ダーツを縫ったところ。

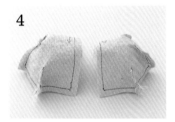

4

もう片方も同じようにダーツを縫う。

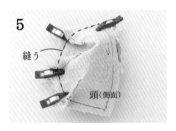

5

4を中表に合わせ、写真の線の位置を縫う。首は返し口になるのであけておく。

6

顔の生地を中表に合わせ、半返し縫いで縫う。顔の生地は大き目なので、合印を合わせて生地を寄せていせ込みながら縫う。

7

頭すべてのパーツを縫ったところ。

8

表に返す。

9

わたを詰めて、ジョイントをセットして縫う(P.35参照)。

10

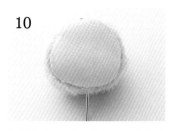

おでこ、ほっぺにボリュームが出るように形を整える。

11

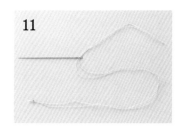

針に糸を通す。

12

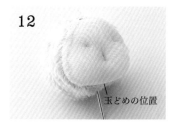

玉どめの位置

写真のように、目と鼻のつけ位置に針を出し、2mmすくって針を戻す。糸で強く引いてへこませる。

13

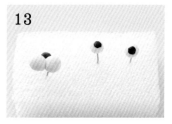

粘土で目玉のパーツと、同様に鼻・ひげ袋のパーツを作る。

14

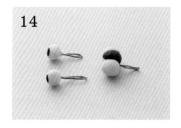

ペンチを使い、針金を細長い輪にする。

15

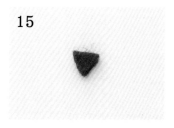

口のパーツはウールフェルトを小さな三角形にカットする。

16

耳をつけ（P.36、37参照）、口のフェルトを手芸用接着剤で貼り、目と鼻をつける（P.38、40参照）。

17

前髪の生地を手芸用接着剤で貼りつけ周囲をまつり縫いする。すきばさみで毛のボリュームを調節する。

18

アルコールマーカーでまゆ下や頬など好みのペイントする。

7

︿︿

アヒル

pattern...P.86

詰め物はわただけにして、軽く仕上げます。
両足の粘土パーツの重さ・大きさ・高さを揃えて、
立ちポーズでも飾れるように仕上げましょう。

front

オーブン粘土
＋
針金
（直径0.55㎜）

くちばしと足のオーブン粘土の色は、オレンジと黒を4:1で混ぜ、すこし渋いオレンジに。

レーヨンシール

［染料data］
ゴールド：パールグレー
9:1

オーブン粘土
＋
針金
（直径0.9㎜）

材料［身長約17㎝］

- レーヨンシール ― 40×30㎝
- 目玉パーツ(P.29参照) ― 1組
- オーブン粘土 ― 適量
- 針金(直径0.55㎜／くちばし用) ― 7㎝
- 針金(直径0.9㎜／足用) ― 14㎝
- 紙粘土(針金の固定用) ― 適量
- ジョイント
  (頭…直径30㎜×1、羽…直径27㎜×2、足…直径25㎜×2)
- 縫い糸、目付け糸、わた ― 各適量

作り方

1. 型紙を生地に写し、裁断する(P.31参照)。
2. パーツごとに中表に縫い、表に返す(P.32参照)。
3. オーブン粘土でくちばしと足を作る(P.60参照)。
4. 羽にジョイントをセットして、わたを詰める(P.33参照)。
5. 頭にわたを詰めて、ジョイントをセットする(P.35参照)。
6. 頭に目、くちばしをつける(P.38、61参照)。
7. 頭、体、羽、足をつなげる(P.41参照)。
8. 体に詰め物をする(P.42参照)。

side

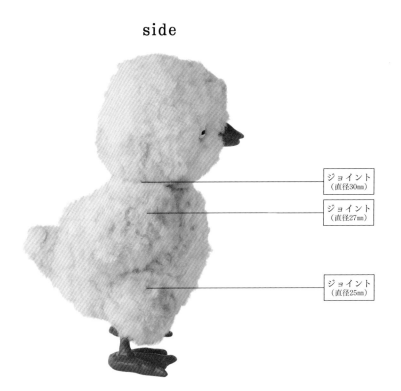

ジョイント
(直径30mm)

ジョイント
(直径27mm)

ジョイント
(直径25mm)

next page >>

〈 くちばしと足を粘土で作る 〉

足がぐらつかないように、太ももの生地とオーブン粘土の足を糸でしっかり巻いて縫い、
固定します。オーブン粘土の加熱温度と時間はパッケージを参照してください。

1

オーブン粘土の重さを両足同じ
になるよう計量し、大まかに形を
とる。

2

丸みのある割りばしなどを使い、
水かきを成形する。足首の部分
も伸ばしておく。

3

足首の長さは約1.5cm。長さ7cmに
カットした針金(直径0.9㎜)を差し
込む。

4

固定しやすいように、針金の先端
を写真のようにペンチで曲げて
おく。オーブンで加熱し、硬化さ
せる。

5
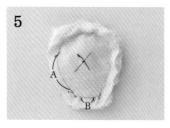

太ももの生地を中表に縫う。返
し口(A)と、足の粘土パーツを入
れるあき口(B)をあけておく。

6

表に返し、ジョイントをセットす
る。

7

Bから針金を差し込む。

8
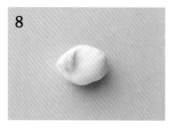

紙粘土を少量ちぎる。

9

紙粘土を生地の中に入れ、足の
針金を固定するように詰める。

10

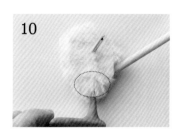

点線で囲った部分が紙粘土を詰めている部分。

11

紙粘土が乾いたら、Aの返し口からわたを詰め、コの字とじでとじる。

12

2本どりの手縫い糸で足の粘土パーツを固定する。

13

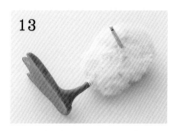

生地と紙粘土にまとめて針を入れ、粘土の足首の根元に糸を巻き付けるのを何度か繰り返す。

14

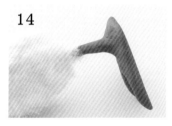

糸を巻きつけたところに手芸用接着剤を薄く塗り、余った生地からカットした短い毛をつける。

15

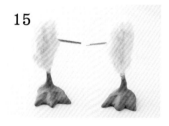

もう片方の足も同じように作る。高さが合っているかを確認する。

16

くちばしを作る。丸みのある三角形を2つ作る。片方は大き目にする。

約1.5cm　約2cm

17

顔側

大き目の方を上にして重ね合わせ、顔側をなじませる。

18

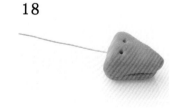

目打ちの先などで鼻の穴をつけて、5cmにカットした針金（直径0.55mm）を刺す。顔側に接着剤を塗り、針金を頭に突き刺してつける。

8

〈〉

小さい鳥

pattern...P.87

前側は白い生地、後ろ側は茶色い生地で作り始めます。
羽のパーツははぐらつかないよう、
すき間ができないようにとめます。

front

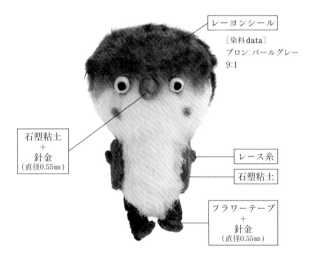

レーヨンシール

［染料data］
ブロン：パールグレー
9:1

石塑粘土
＋
針金
(直径0.55㎜)

レース糸

石塑粘土

フラワーテープ
＋
針金
(直径0.55㎜)

back

材料［身長約5㎝］

- レーヨンシール ― 10×7㎝
- 目玉パーツ(P.29参照) ― 1組
- 針金(直径0.55㎜／くちばし、足用) ― 8㎝
- 石塑粘土(腕、くちばし用) ― 適量
- フローラルテープ(足用) ― 14㎝
- 縫い糸、レース糸(40番)、わた ― 各適量

作り方

1. 型紙を生地に写し、裁断する(P.31参照)。
2. 中表に縫い合わせ、表に返す(P.32参照)。
3. わたを詰め、返し口をコの字とじする。
4. 頭の上半分を部分染め(P.46参照)する。
5. 目玉パーツ、くちばし(目玉パーツと同様に作る)に瞬間接着剤をつけ、針金を突き刺して接着する。アルコールマーカーで頬のペイントをする。
6. 石塑粘土で作った羽をつける(P.69参照)。羽には余った生地からカットした短い毛をまぶす。
7. 足を作り、つける(P.63参照)。

〈 足のつけ方 〉

針金とフラワーテープで、小さな鳥の足を作ります。

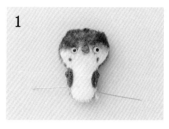

1

8cmにカットした針金を写真のように体に通す。針金が通しにくい場合は、目打ちで縫い目のすき間を広げる。

2

ペンチで足のつけ根と、足の甲になる部分を曲げる。

3

針金の先端をカットし、長さを合わせる。

4

フローラルテープを14cmカットし、太さを半分にする。

5

巻きつけやすいよう、先端は斜めにカットしておく。

6

フローラルテープは引っ張ると粘着力が出るので、巻く直前に伸ばす。

7

足の根元からフローラルテープを巻いていく。

8

先端までいったら、足指の位置で3回ほど重ねて巻く。手芸用接着剤で固める。

9

足の裏が平らになるよう、手でつぶして完成。

9

︿

かんたんベア

pattern...P.88

手軽に作れるシンプルなベア。
わただけ詰めてくったりさせても可愛いですが、
トイスケルトンの骨格を入れると自由なポーズをつけられます。

front　　　　　　　　　　　　back

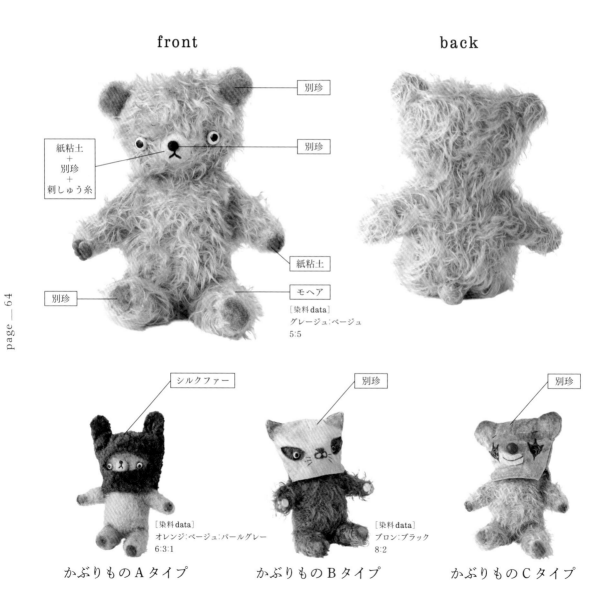

別珍

別珍

紙粘土
＋
別珍
＋
刺しゅう糸

紙粘土

別珍

モヘア

［染料data］
グレージュ:ベージュ
5:5

シルクファー

別珍

別珍

［染料data］
オレンジ:ベージュ:パールグレー
6:3:1

［染料data］
ブロン:ブラック
8:2

かぶりものＡタイプ　　　かぶりものＢタイプ　　　かぶりものＣタイプ

材料［身長約18cm］	作り方

材料［身長約18cm］

- モヘア ― 45×35cm（⅛ヤード）
- 目玉パーツ(P.29参照) ― 1組
- トイスケルトンSサイズ(またはワイヤー)
  ― 1体分
- 別珍 ― 6×6cm
- 縫い糸、目付け糸、紙粘土、
  わた、刺しゅう糸 ― 各適量

作り方

1. 型紙を生地に写し、裁断する(P.31参照)。
2. 中表に縫い合わせ、表に返す(P.32参照)。
3. トイスケルトンを入れ、わたを詰めて縫う(下記参照)。
4. 目玉パーツをつける(P.38参照)。
5. 肉球、耳の内側布をつける(P.66参照)。
6. 鼻パーツを作り、つける(P.66参照)。

〈 トイスケルトンの骨格を入れる 〉

「スナップ・プルーフ」という基本パーツと「ジョイントパーツ」を組み合わせて、
ぬいぐるみに適したサイズと形の骨格を作ります。

1

十字ジョイント
Y字ジョイント

写真と同じパーツ数に合わせて、
Sサイズのトイスケルトンパーツ
で骨格を組み立てる。

2

手足にわたを少量詰め、1を入れ
る。内側に軽く丸めた姿勢にし
ておくと入れやすい。

3

トイスケルトンを覆うようにさ
らにわたを詰め、返し口をコの字
とじで縫う。

トイスケルトンについて

直訳するとおもちゃの骨。丈夫なプラス
チック製の芯材です。「プライヤー」とい
う専用のペンチを使って繋いだり分解し
たりできるので、好きなサイズが作れます。
(株)PARABOXで販売されています。
https://paraboxshop.jp

トイスケルトンの接合や切り離し
に使う専用のペンチ「プライヤー」。
適合サイズにしか使えないので
注意。サイズは5種類ある。

トイスケルトンの入手が難しい場
合は、丈夫な太いワイヤーでも代
用可。写真のようにねじり、胸と
股の部分はタコ糸で補強する。

next page >>

〈 貼るタイプの肉球と耳 〉

貼るだけのかんたんな肉球と耳（内側布）のつけ方です。
糸も針も使わないので手軽にできます。

肉球を貼りたい場所の毛足をは
さみで刈っておく。

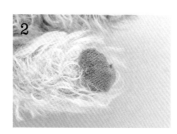

手芸用接着剤を塗り、別布の肉
球を貼りつける。

貼ったところの境目に手芸用接
着剤をつけ、別にとっておいた短
い毛をまぶしてなじませる。耳も
同じようにつける。

〈 鼻を作る 〉

布の中に、綿ではなく粘土を詰めています。

別珍に手芸用接着剤を塗り、半球
形にして乾かした紙粘土にかぶ
せて、口を刺しゅうする。鼻パー
ツ（P.36参照）を差し込む。

裏から見たところ。

コの字とじで顔に縫いつける。
境目に手芸用用接着剤を塗り、短
い毛をまぶす。

〈 かぶりものを作る 〉

シンプルなぬいぐるみには、かぶりものをかぶせるとイメージチェンジできます。
自由な発想で装飾してください。

1

縫い合わせた仮面をかぶせて、目の位置を確認し、印をつける。

2

目の位置をはさみで切り抜き、好みのペイントや装飾をする。

3

粘土のパーツをつけたい時は、ねじった針金を刺して、先端2本は1cmほど出しておく。

4

生地のパーツをつけたいところに目打ちで穴をあけ、パーツの顔側に手芸用接着剤を塗って針金を差し込む。

5

裏側で針金をひらく。

6

手芸用接着剤を塗ったフェルトであて布をする。

7
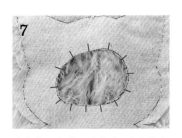

くりぬいた穴のふちを、よりきれいに処理したい場合は、まず周りに2mmずつ切れ込みを入れる。

※わかりやすいように、生地の色を変えています。

8

ふちに手芸用接着剤をつけ、先の細いペンチなどでしっかり押さえながら貼りつけて処理する。

10

∧∧

小さい動物

pattern…P.94

どの動物もほぼ同じ制作過程。
難しい部分はなく、この本の中では一番簡単です。

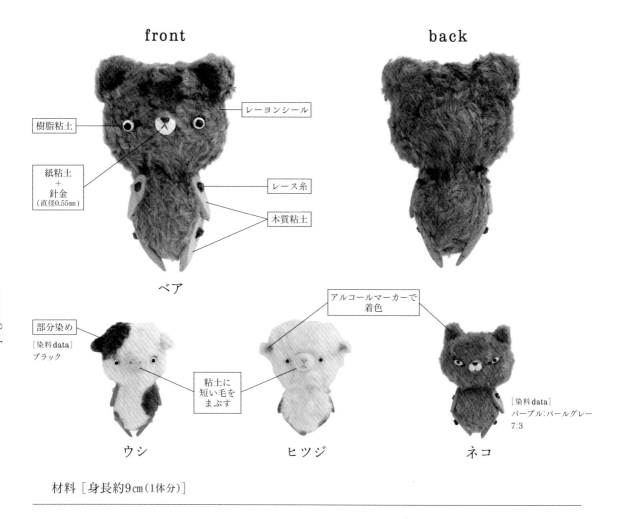

front　　　　　　　　back

樹脂粘土

レーヨンシール

紙粘土
＋
針金
（直径0.55㎜）

レース糸

木質粘土

ベア

部分染め

［染料data］
ブラック

アルコールマーカーで
着色

粘土に
短い毛を
まぶす

ウシ　　　　　　ヒツジ　　　　　　ネコ

［染料data］
パープル：パールグレー
7:3

材料［身長約9㎝（1体分）］

・レーヨンシール（またはビスコース）
　　— 20×10㎝
・目玉パーツ（P.29参照）— 1組

・石塑粘土、針金（直径0.55㎜、鼻用）— 各適量
・木質粘土（手足用）— 適量
・縫い糸、レース糸（20番）、わた — 各適量

作り方

1. 型紙を生地に写し、裁断する(P.31参照)。
2. 中表に縫い、表に返す(P.32参照)。
3. わたを詰め、返し口をコの字とじする。
4. 目玉パーツ、口・鼻パーツに瞬間接着剤をつ
け、針金を突き刺して接着する。
5. 木質粘土で手足を作り、つける(下記参照)。
6. ベア、ヒツジ、ネコは耳の内側の毛を短く刈
り、アルコールマーカーで色をつける。

〈 手足のつけ方 〉

小さな手足の作り方と取りつけ方です。シンプルですが、糸ジョイントなのでちゃんと動きます。

1

木質粘土を平たいしずく型にして、針を刺して穴をあける。

2

乾いたら、やすりで磨いて形を整える。

3
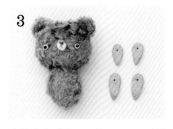
本体を完成させ、2のパーツを4つ用意する。手はやや小さめにしておく。

4
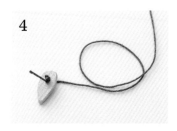
レース糸に結び目を作り、手のパーツの穴に通す。

5
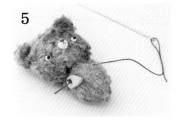
針に糸を入れ、パーツが手の位置にくるように針を入れて糸を引く。

6

反対側に出した糸に、もう片方のパーツを通す。

7

パーツが浮かないよう押さえながら、写真の矢印のように結ぶ。この結び方を2回繰り返す。

8

結び目に瞬間接着剤を少量つけて固める。

9

糸を短くカットする。足も同様につける。

材料購入店

いつも実際に生地やツールを購入している、おすすめのお店を紹介します。

プリメーラ

モヘアの種類が数多くあり、実店舗で実物を見ながら選べます。テディベア教室も開催されています。

東京都品川区西五反田4-32-1 1F

TEL 03-5719-6260

https://primera-corp.co.jp/

サンタクルーズベア

ドイツ製のモヘア・アルパカ生地が豊富。テディベア系の材料と道具はすべてここで揃えることができます。シュタイフシュルテ社の日本総代理店。

TEL 075-335-4848

https://www.santacruzbear.net/

京都まるくま

ドイツ直輸入の選りすぐりのモヘアや材料を揃えています。季節ごとの新商品や限定商品も。

TEL 075-417-3720

https://www.kyoto-marukuma.com/

TOMATO

本館2階に都内最大級のフェイクファー売り場があります。アーチ館では1点ものの掘り出し物の生地が見つかることも。

東京都荒川区東日暮里6-44-6

TEL 03-3805-2366

https://www.nippori-tomato-onlineshop.com/

NAGATO ウール館

4店舗あるNAGATOの中でも、ウール生地に特化した店舗。起毛した生地が揃っています。

東京都荒川区東日暮里5-32-9

TEL 03-6806-5132

https://www.nagato-nippori.com/

ファー・ボア工場

オオカミ用、フクロウ用など、珍しい生地が揃っています。個性的なぬいぐるみを作りたい時におすすめ。

TEL 0736-22-4340

http://fur-boa-kojo.com/

岡田織物

毛足が30㎜以上の長毛生地が豊富に揃っています。種類も様々で、高品質。

https://okadatx.shop-pro.jp/

スターチャイルド

レーヨン・アクリル・ポリエステル生地、目鼻パーツを取り揃えている。実店舗は完全予約制。

東京都新宿区中落合2-18-11

TEL 03-3950-2371

https://www.stachanet.jp/index.html/

新宿オカダヤ本店

120,000種類の手芸用品、洋裁道具、毛糸を扱う服飾館と、25,000種類の生地館からなる都内有数の大型総合服飾手芸材料店。

東京都新宿区新宿3-23-17

TEL 03-3352-5411

https://www.okadaya.co.jp/shop/c/c10/

世界堂 新宿本店

様々な種類の粘土や針金、絵の具、筆などのツールはここで揃えることができます。

東京都新宿区新宿3-1-1

TEL 03-5379-1111

https://webshop.sekaido.co.jp/

（2023年7月現在）

Pattern

型紙

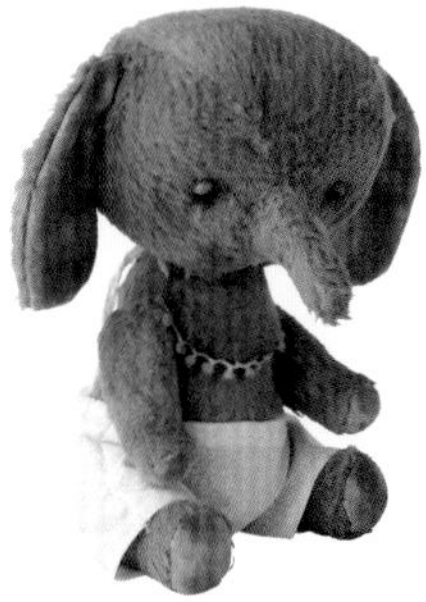

- 型紙は実物大です。
- コピーをとるか、薄い紙などに写して使用してください。
- 初心者の方は、厚紙に写して切り抜いたものを使用するのがおすすめです。
- 図中の数字の単位はすべて㎜です。
- →は毛流れの向きを表しています。
- 縫い代はついていません。⑤のように丸囲みの数字が縫い代の寸法です(単位=㎜)。
- ⓪は縫い代をつけずにそのまま切り抜きます。

1

ネコ

how to make…P.30

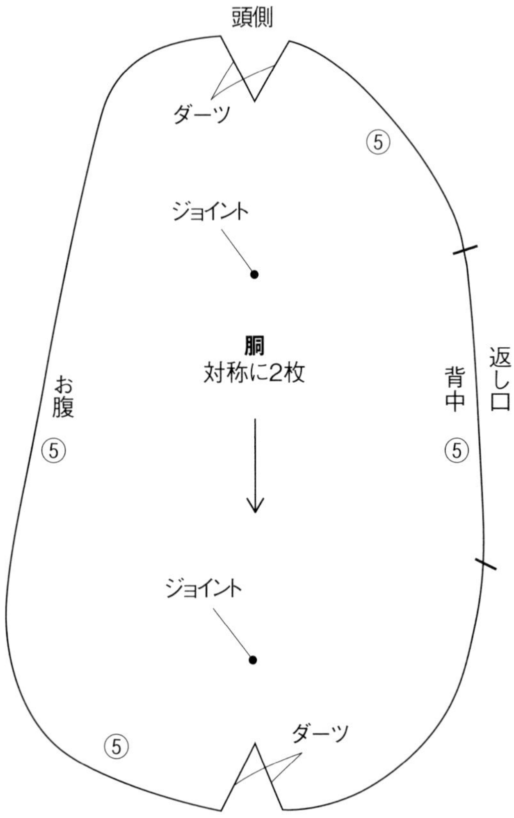
頭側
ダーツ
⑤
ジョイント
胴
対称に2枚
返し口
背中
お腹
⑤
⑤
ジョイント
⑤
ダーツ

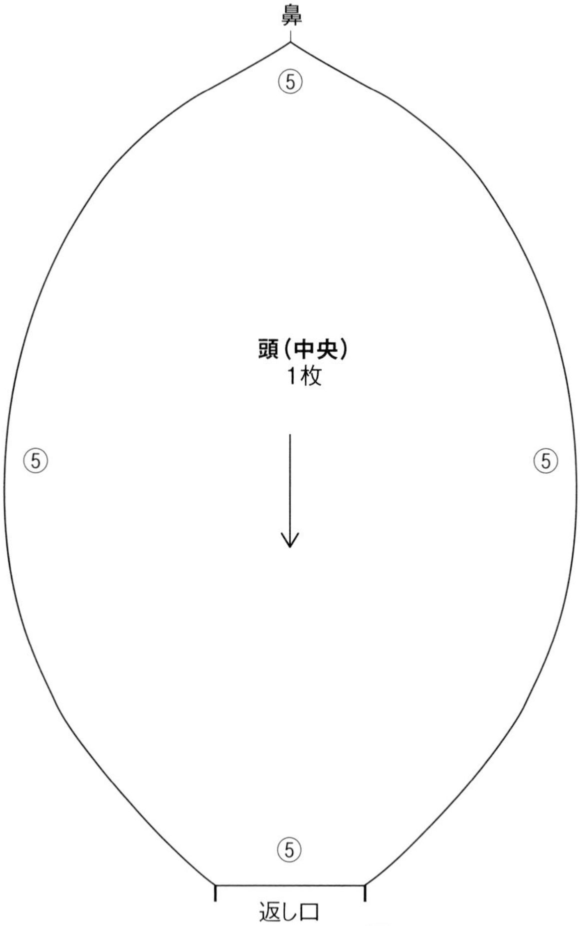
鼻
⑤
頭（中央）
1枚
⑤
⑤
⑤
返し口

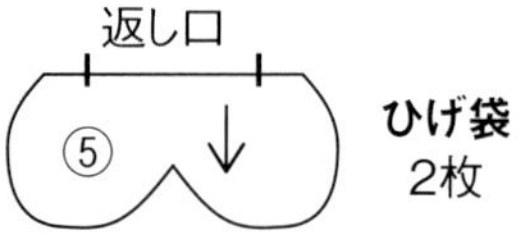
返し口
⑤
ひげ袋
2枚

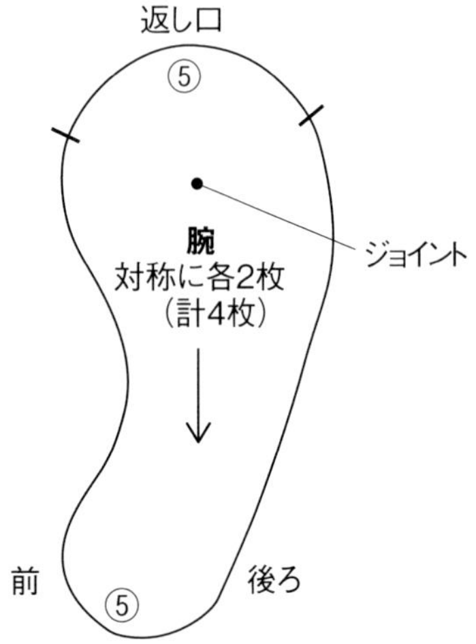
返し口
⑤
腕
対称に各2枚
（計4枚）
ジョイント
前
後ろ
⑤

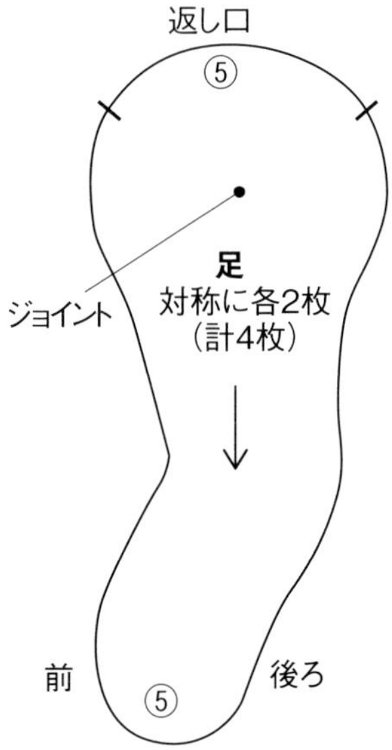
返し口
⑤
ジョイント
足
対称に各2枚
（計4枚）
前
後ろ
⑤

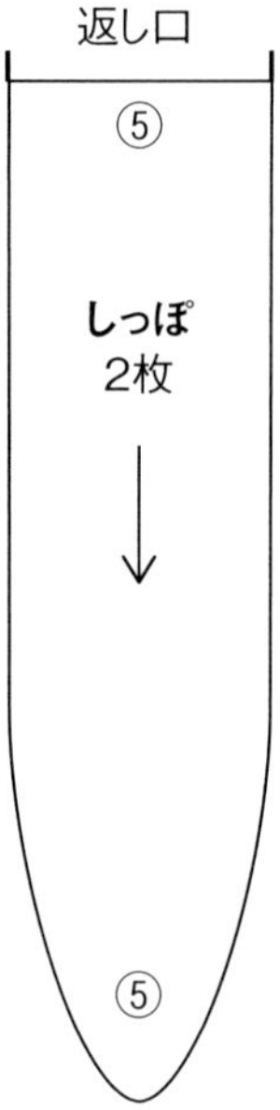
返し口
⑤
しっぽ
2枚
⑤

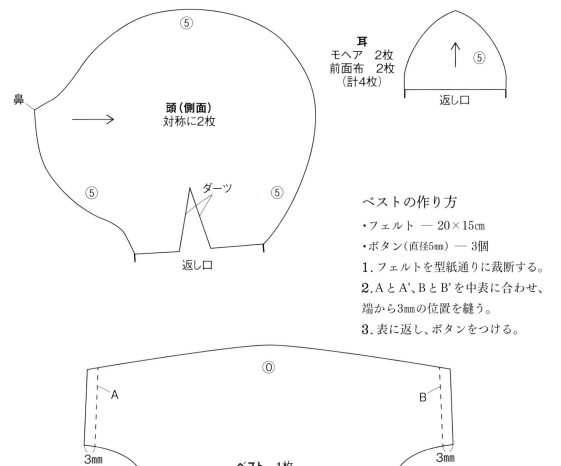

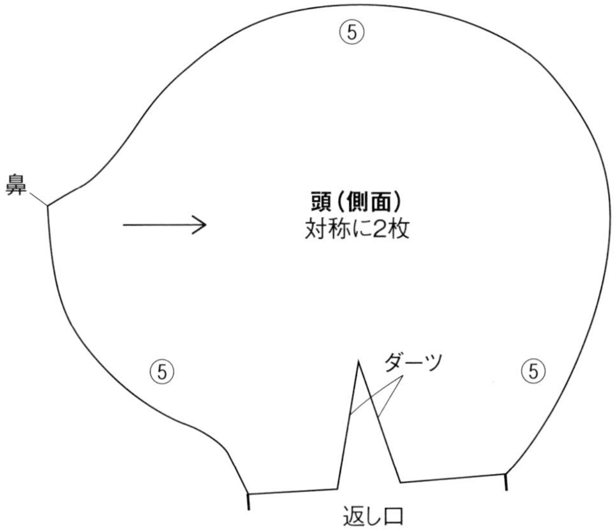
[5]
鼻
頭（側面）
対称に2枚
[5]
ダーツ
[5]
返し口

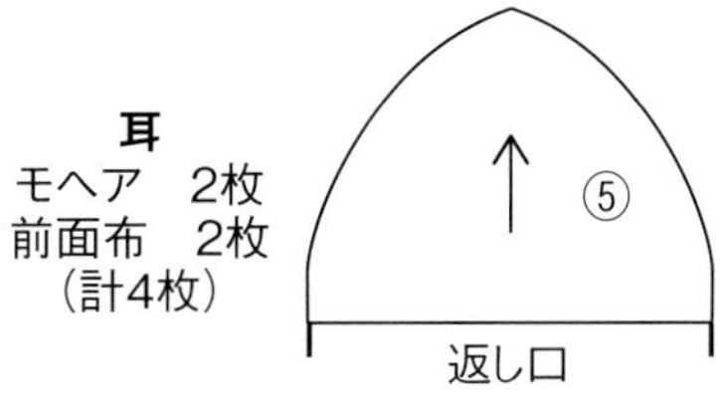
耳
モヘア　2枚
前面布　2枚
（計4枚）
[5]
返し口

ベストの作り方

・フェルト ― 20×15㎝

・ボタン（直径5㎜） ― 3個

1. フェルトを型紙通りに裁断する。

2. AとA'、BとB'を中表に合わせ、端から3㎜の位置を縫う。

3. 表に返し、ボタンをつける。

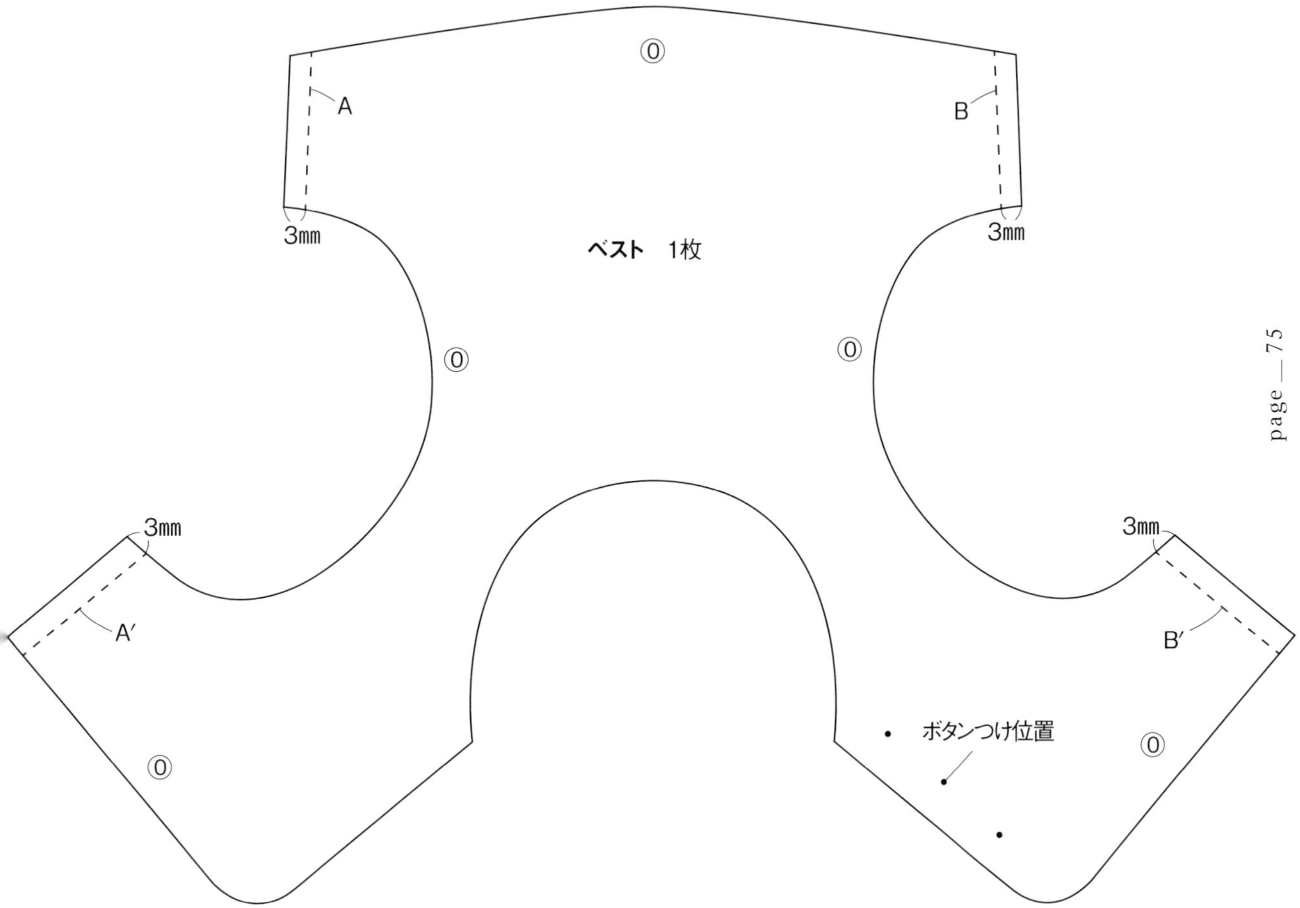
[0]
A
B
3㎜
ベスト　1枚
3㎜
[0]
[0]
3㎜
3㎜
A'
B'
ボタンつけ位置
[0]
[0]

2

キツネ

how to make…P.44

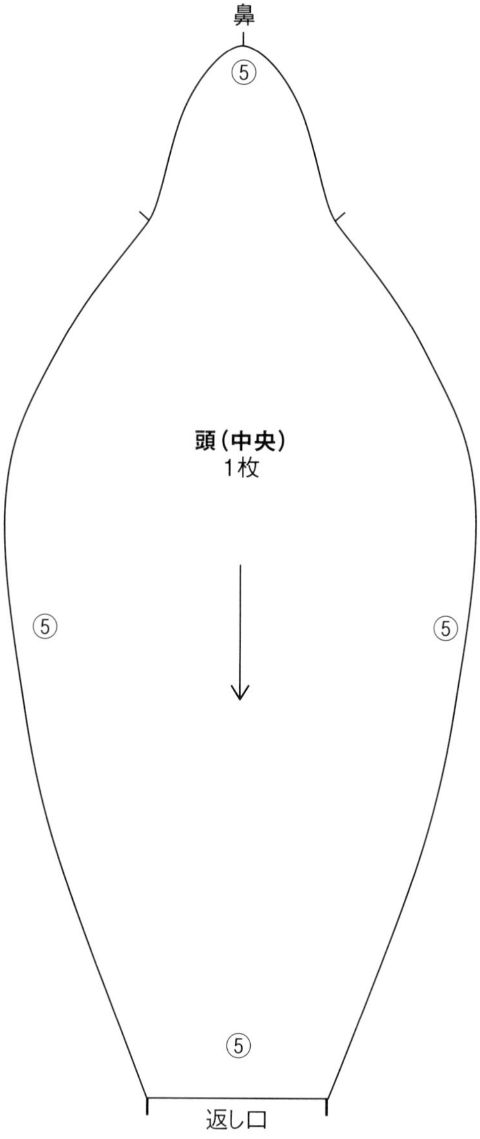
鼻
⑤
頭(中央)
1枚
⑤
⑤
⑤
返し口

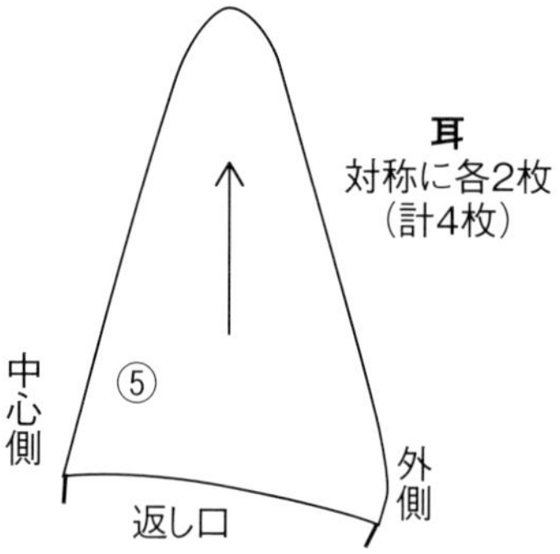
耳
対称に各2枚
(計4枚)
中心側
⑤
外側
返し口

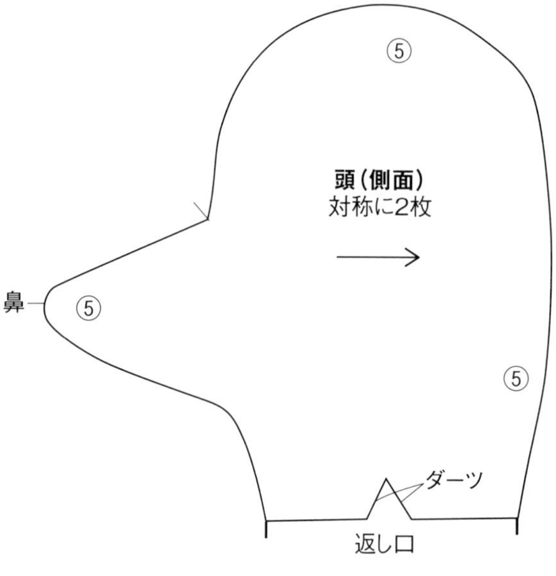
⑤
頭(側面)
対称に2枚
鼻
⑤
⑤
ダーツ
返し口

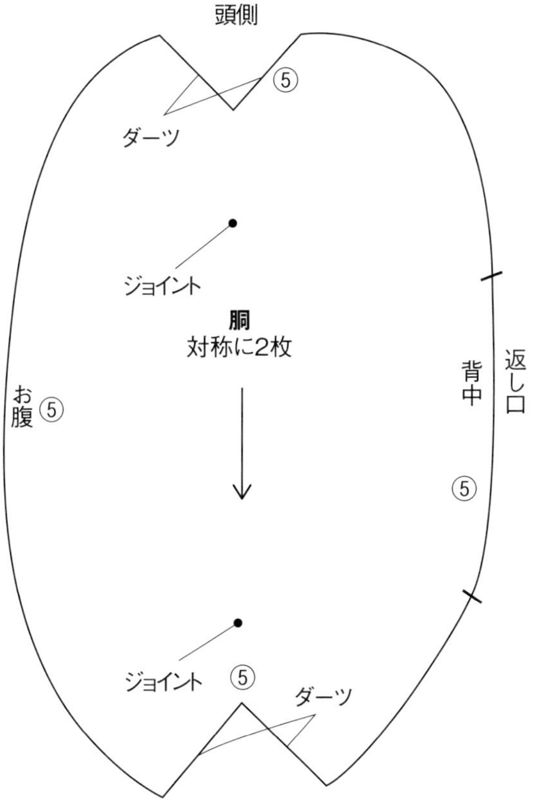
頭側
[5]
ダーツ
ジョイント
胴
対称に2枚
お腹 [5]
背中
返し口
[5]
ジョイント [5]
ダーツ

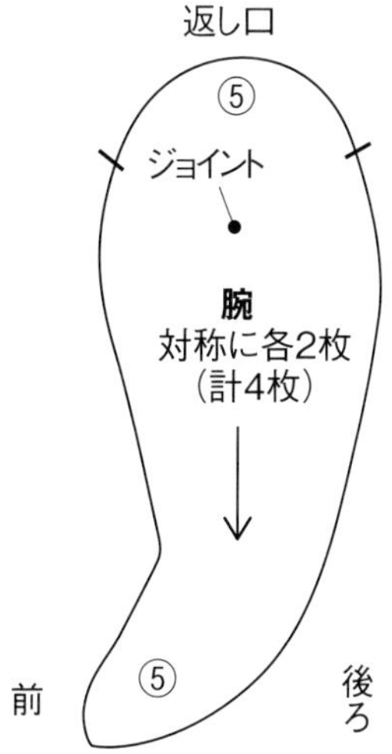
返し口
[5]
ジョイント
腕
対称に各2枚
（計4枚）
前
[5]
後ろ

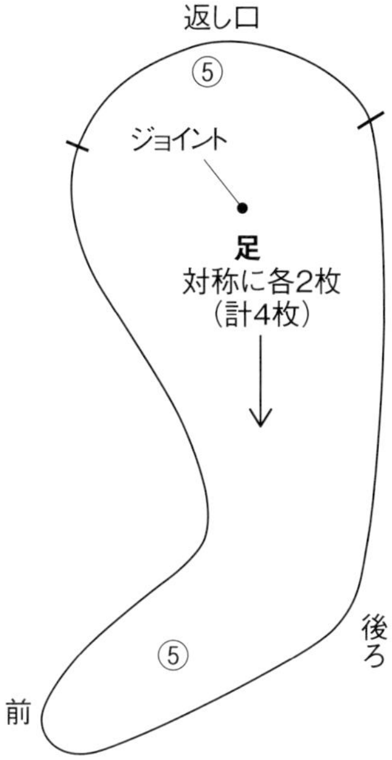
返し口
[5]
ジョイント
足
対称に各2枚
（計4枚）
後ろ
[5]
前

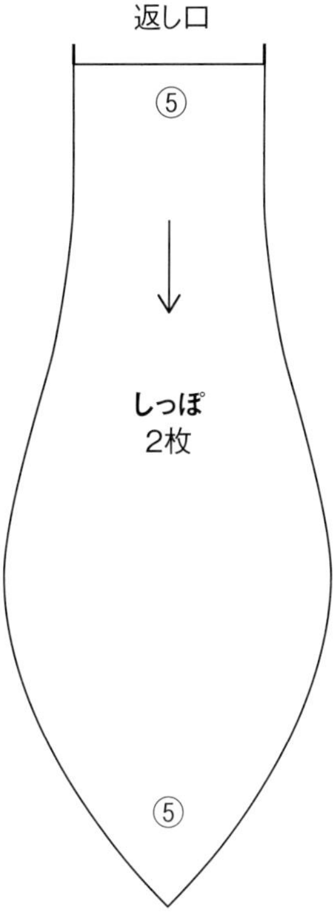
返し口
[5]
しっぽ
2枚
[5]

3

ゾウ

how to make…P.48

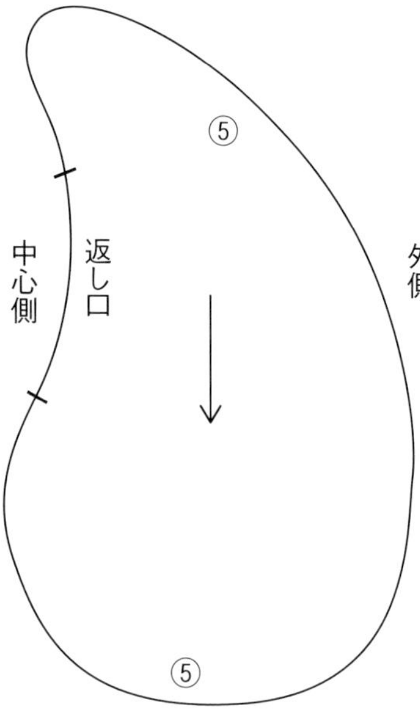
⑤
中心側
返し口
外側
⑤

耳
ビスコース　対称に各2枚
前面布　対称に各2枚
（計4枚）

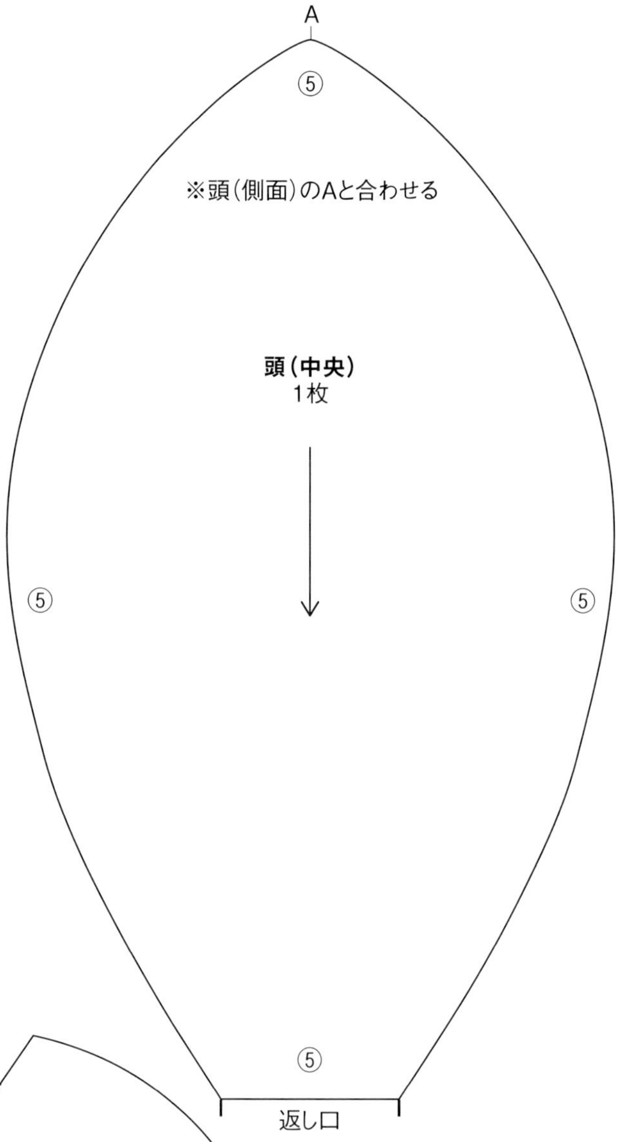
A
⑤
※頭（側面）のAと合わせる
⑤
⑤
⑤
返し口

頭（中央）
1枚

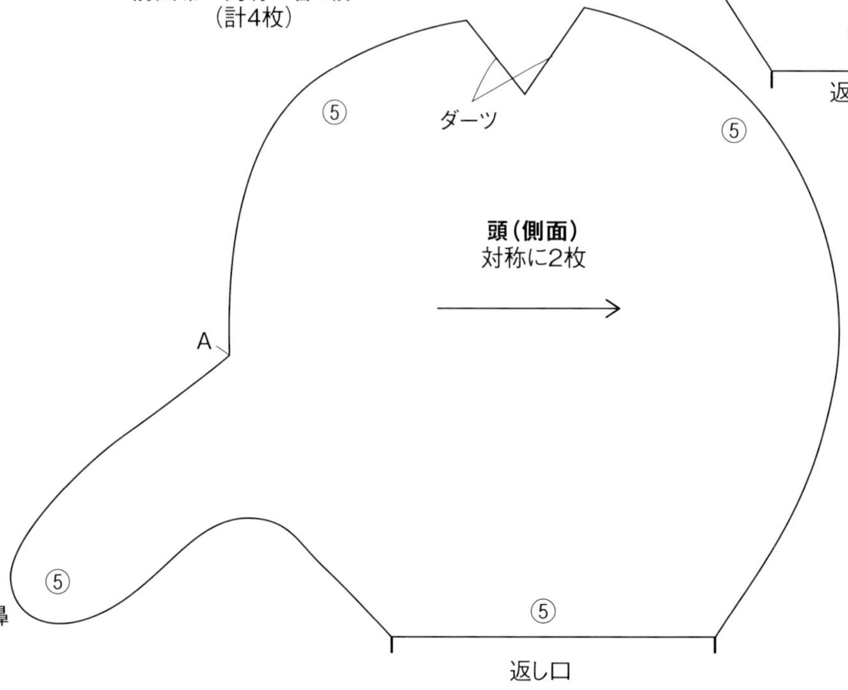
⑤
ダーツ
⑤
A
⑤
鼻
⑤
返し口

頭（側面）
対称に2枚

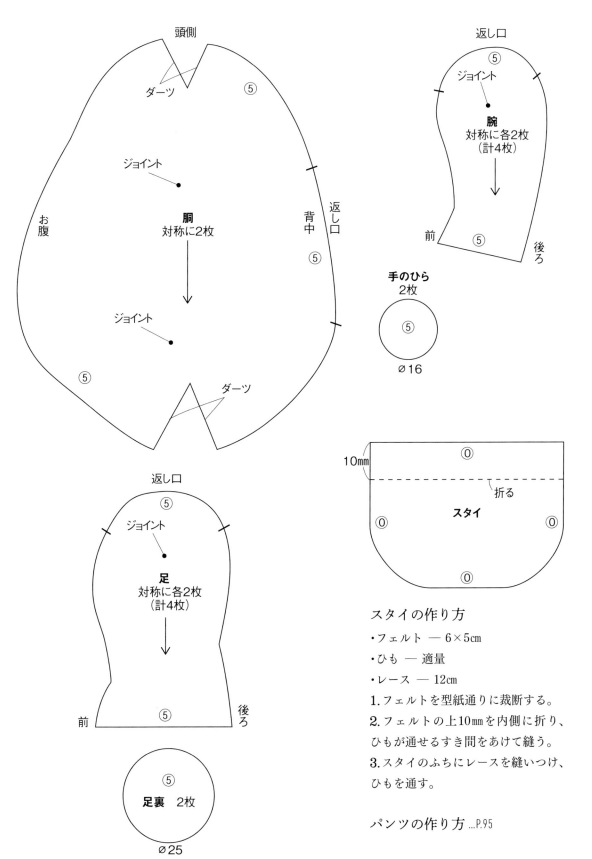

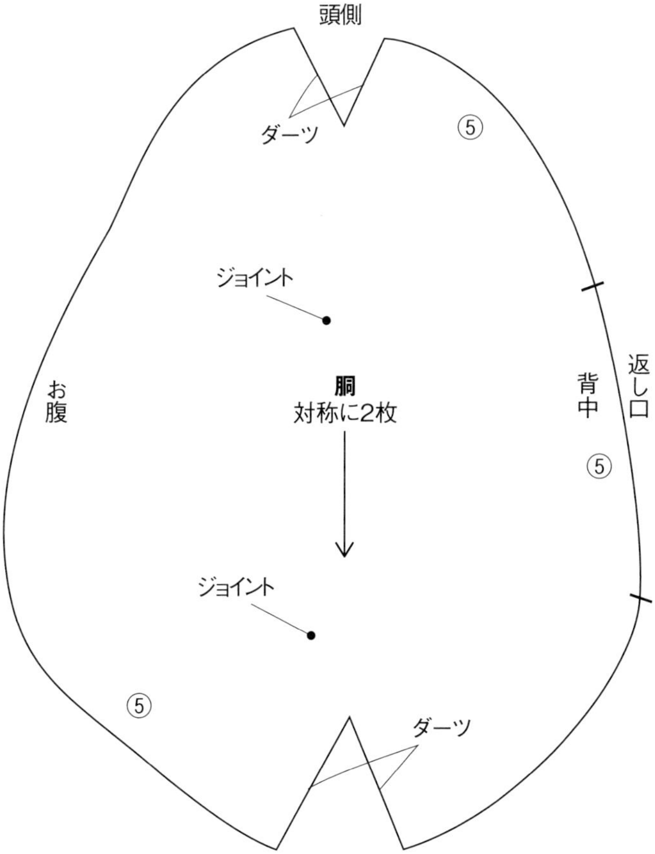
頭側
ダーツ
[5]
ジョイント
胴
対称に2枚
ジョイント
お腹
背中
返し口
[5]
[5]
ダーツ

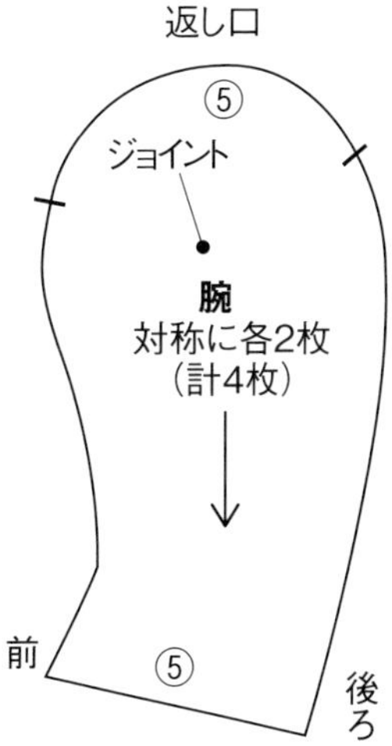
返し口
[5]
ジョイント
腕
対称に各2枚
(計4枚)
前
[5]
後ろ

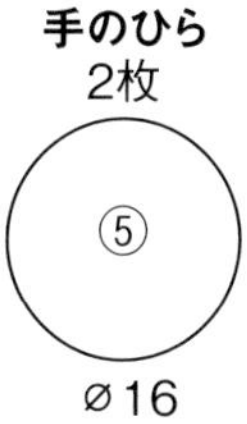
手のひら
2枚
[5]
ø16

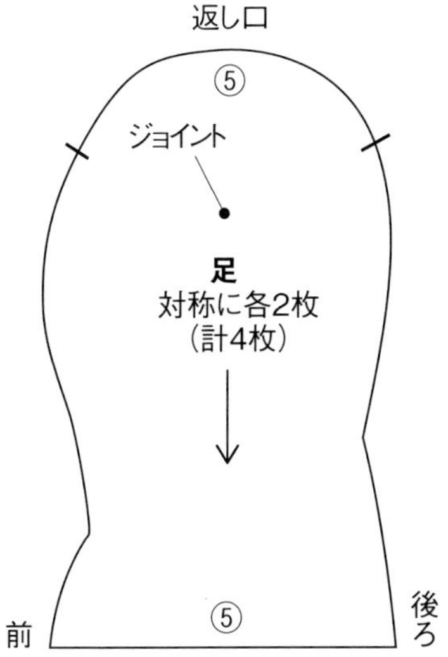
返し口
[5]
ジョイント
足
対称に各2枚
(計4枚)
前
[5]
後ろ

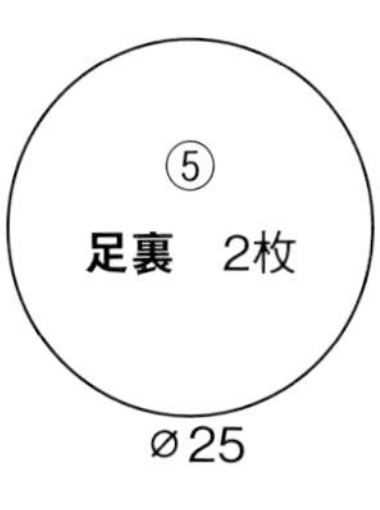
[5]
足裏　2枚
ø25

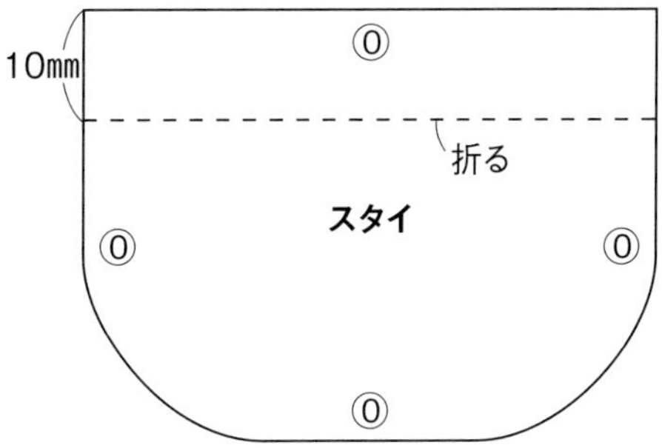
10㎜
[0]
折る
スタイ
[0]
[0]
[0]

スタイの作り方

・フェルト — 6×5㎝
・ひも — 適量
・レース — 12㎝

1. フェルトを型紙通りに裁断する。
2. フェルトの上10㎜を内側に折り、ひもが通せるすき間をあけて縫う。
3. スタイのふちにレースを縫いつけ、ひもを通す。

パンツの作り方 …P.95

4

ウサギ

how to make…P.50

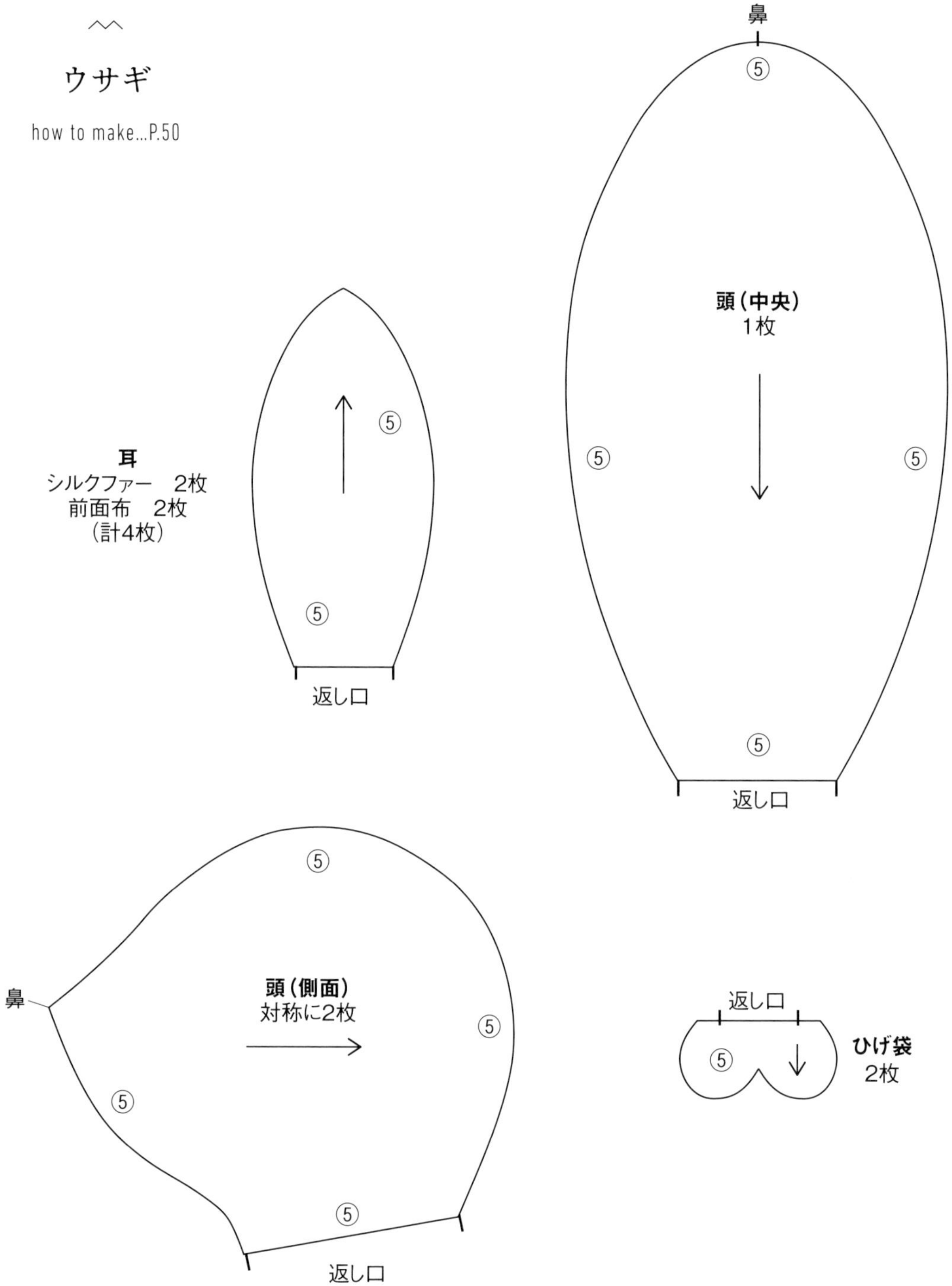
鼻
⑤
頭(中央)
1枚
⑤
⑤
⑤
返し口
⑤
耳
シルクファー　2枚
前面布　2枚
(計4枚)
⑤
返し口
⑤
鼻
頭(側面)
対称に2枚
⑤
⑤
⑤
返し口
返し口
⑤
ひげ袋
2枚

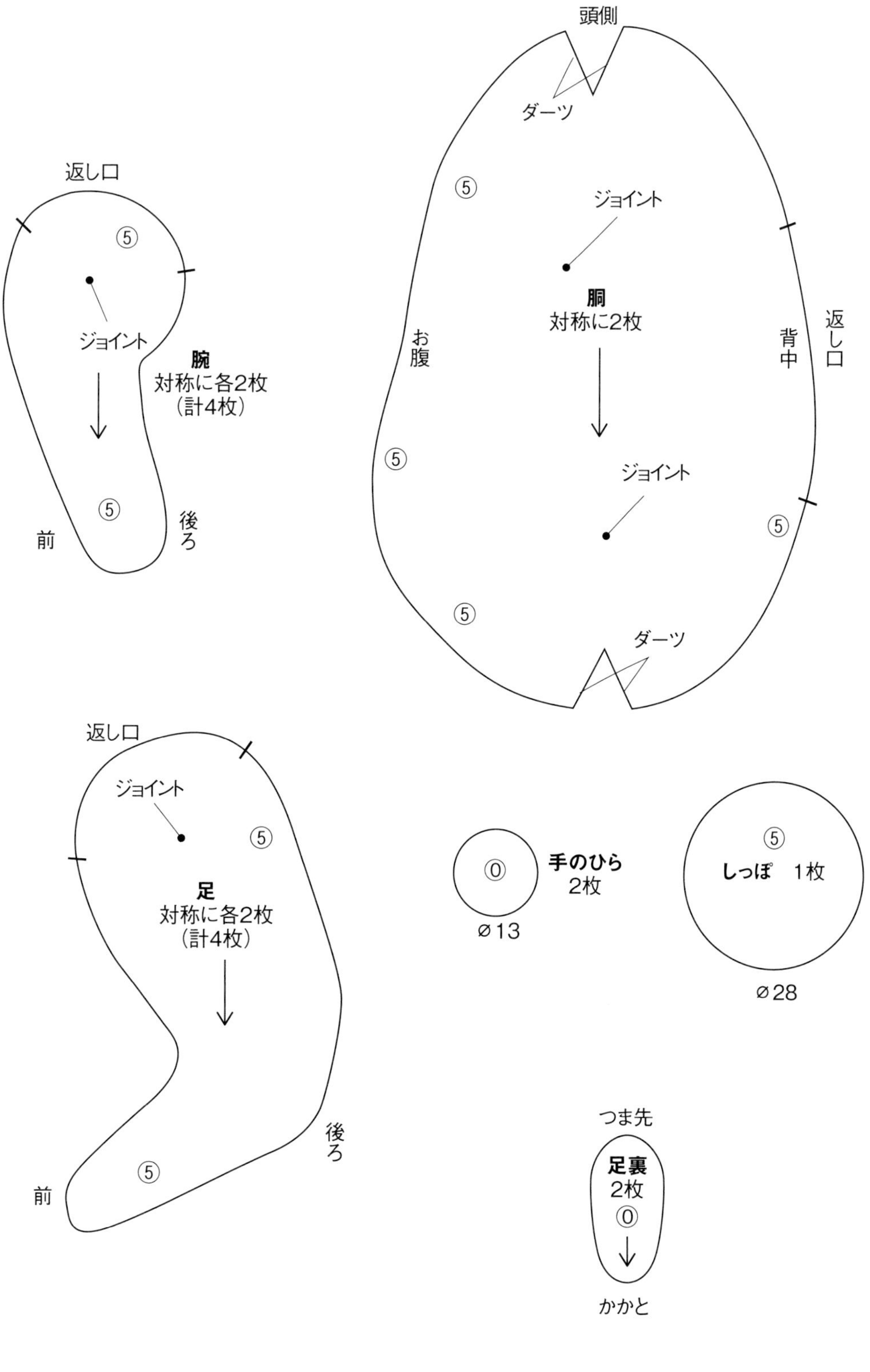

返し口
[5]
ジョイント
腕
対称に各2枚
(計4枚)
[5]
前
後ろ
頭側
ダーツ
[5]
ジョイント
胴
対称に2枚
お腹
背中
返し口
[5]
ジョイント
[5]
[5]
ダーツ
返し口
ジョイント
[5]
足
対称に各2枚
(計4枚)
[5]
前
後ろ
[0]
手のひら
2枚
ø13
[5]
しっぽ 1枚
ø28
つま先
足裏
2枚
[0]
かかと

5

ヤギ

how to make…P.52

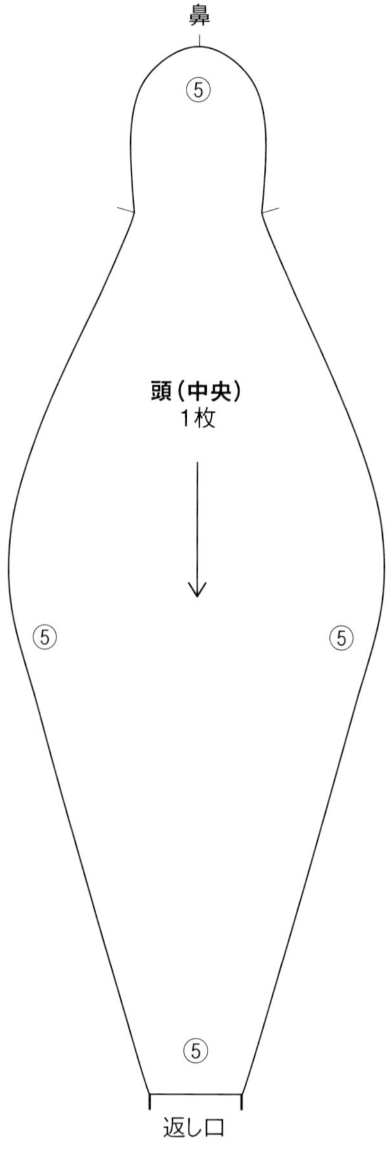
鼻
頭（中央）
1枚
返し口

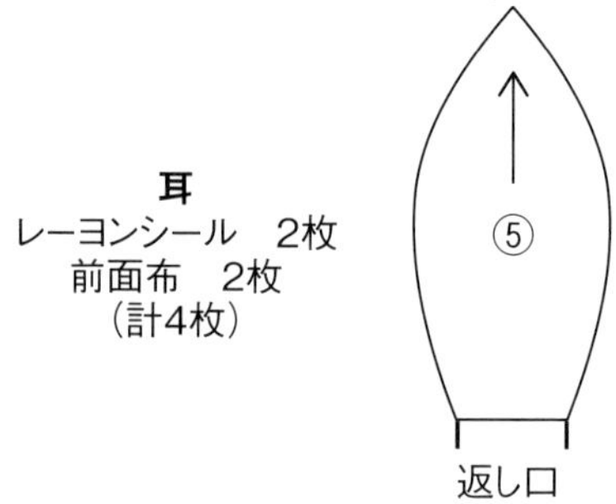
耳
レーヨンシール　2枚
前面布　2枚
（計4枚）
返し口

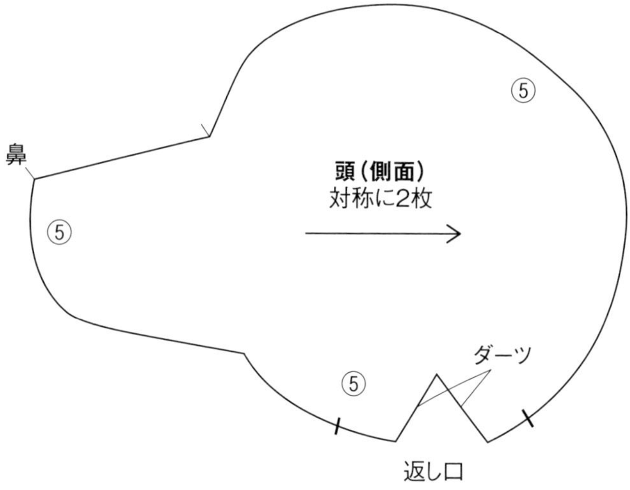
鼻
頭（側面）
対称に2枚
ダーツ
返し口

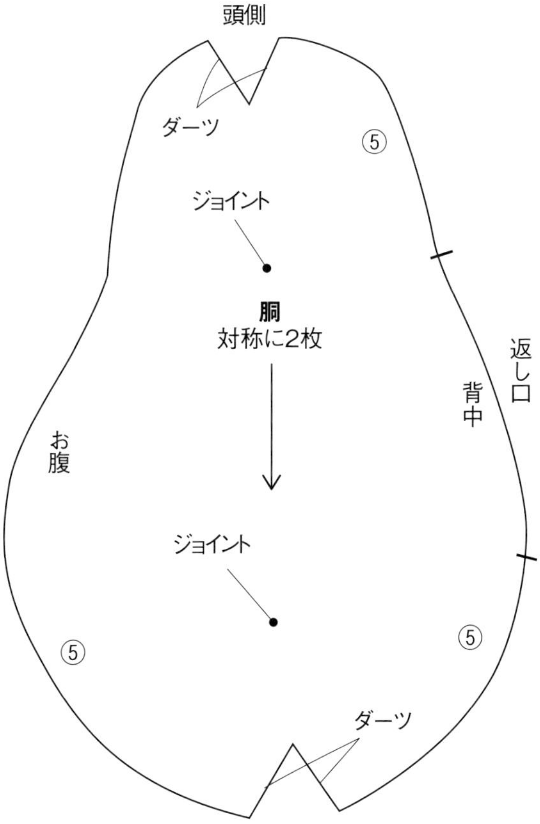
頭側
ダーツ
⑤
ジョイント
胴
対称に2枚
返し口
背中
お腹
ジョイント
⑤
⑤
ダーツ

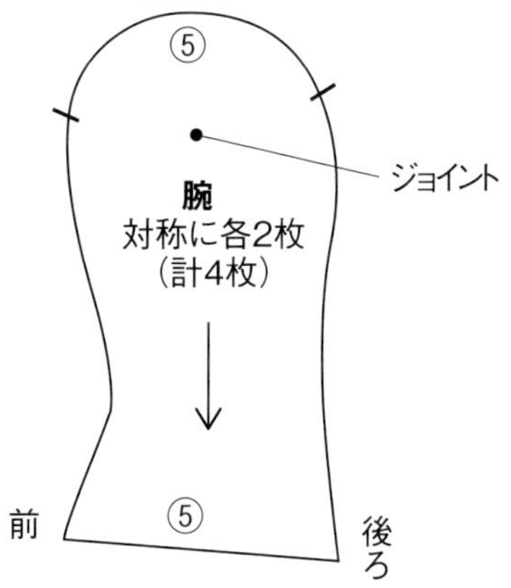
返し口
⑤
ジョイント
腕
対称に各2枚
（計4枚）
前
⑤
後ろ

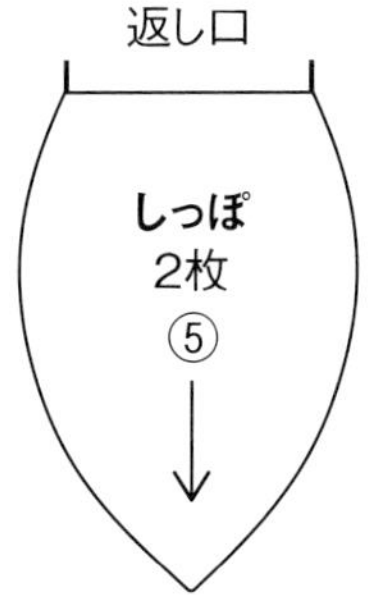
返し口
しっぽ
2枚
⑤

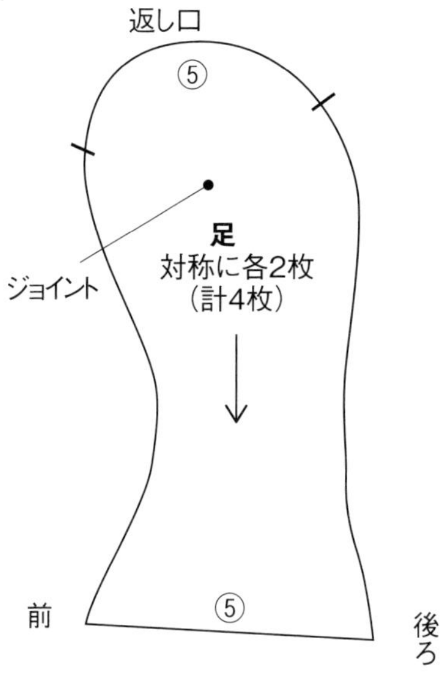
返し口
⑤
ジョイント
足
対称に各2枚
（計4枚）
前
⑤
後ろ

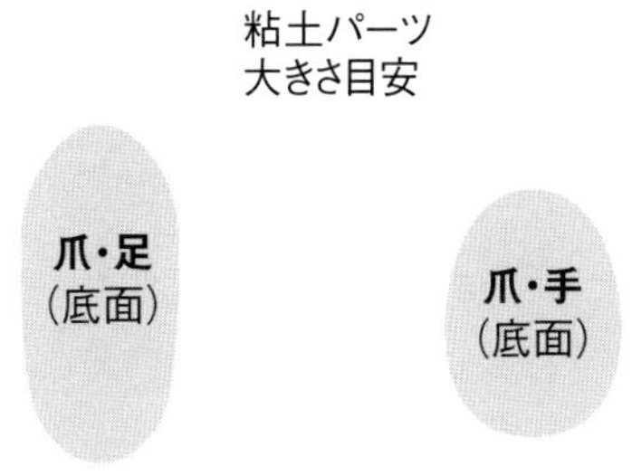
粘土パーツ
大きさ目安
爪・足
（底面）
爪・手
（底面）

6

〜〜

ベア

how to make...P.54

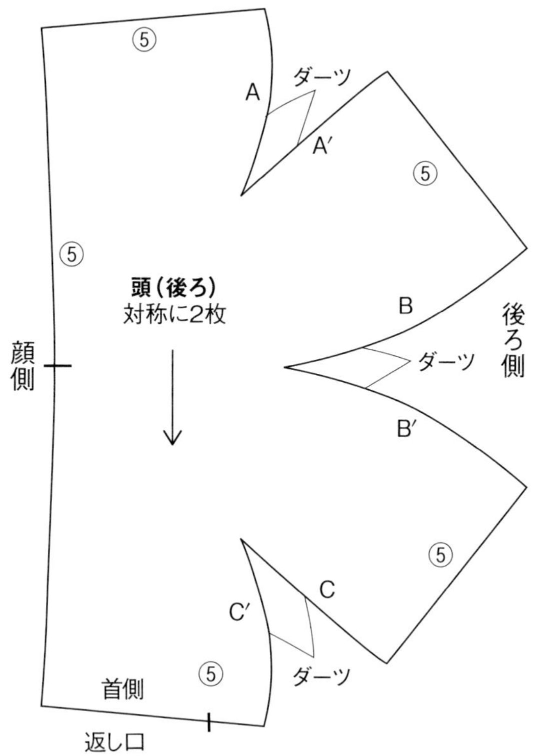

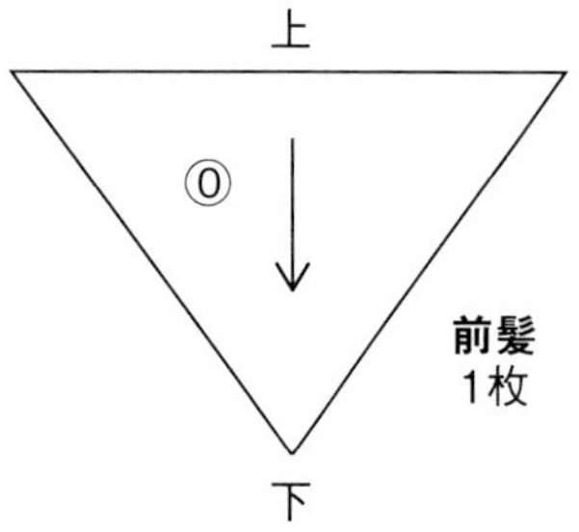

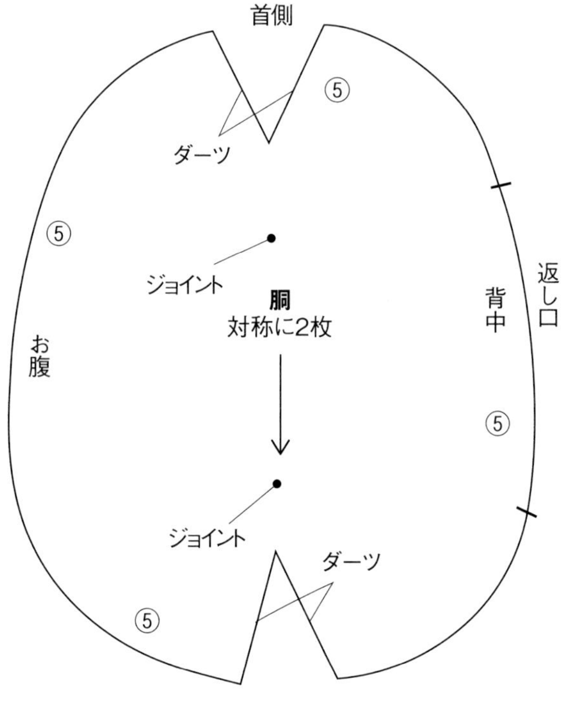

耳
モヘア　2枚
前面布　2枚
（計4枚）
⑤

返し口

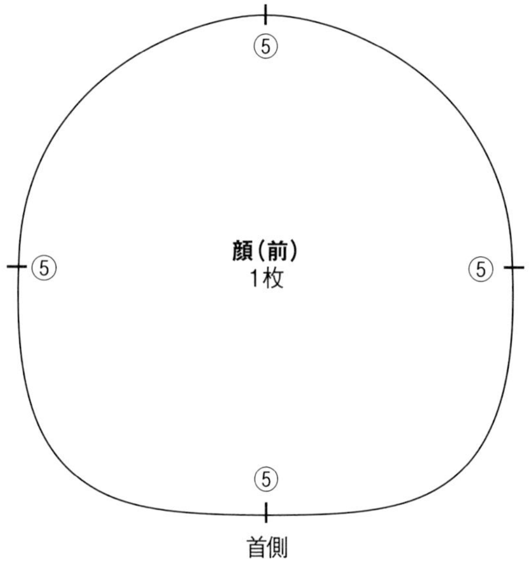

顔（前）
1枚
⑤
⑤　⑤
⑤
首側

前髪
1枚
上
⓪
下

頭（後ろ）
対称に2枚
⑤
A　ダーツ
A'
⑤
B　後ろ側
ダーツ
B'
⑤
C'　C
ダーツ
顔側
首側
⑤
返し口

胴
対称に2枚
首側
⑤
ダーツ
ジョイント
⑤
お腹
背中
返し口
⑤
ジョイント
⑤
ダーツ

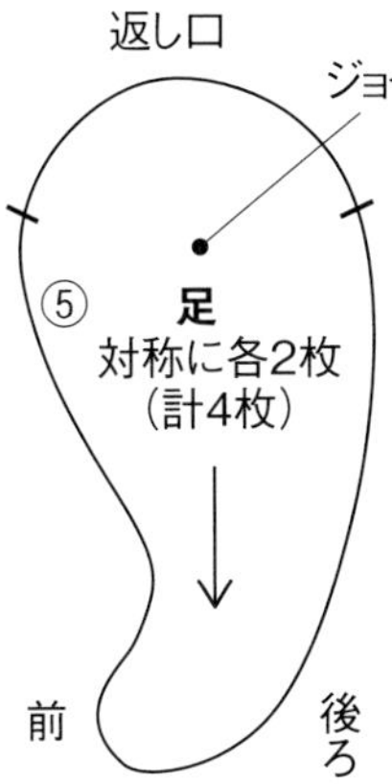
返し口
ジョイント
⑤
足
対称に各2枚
（計4枚）
前
後ろ

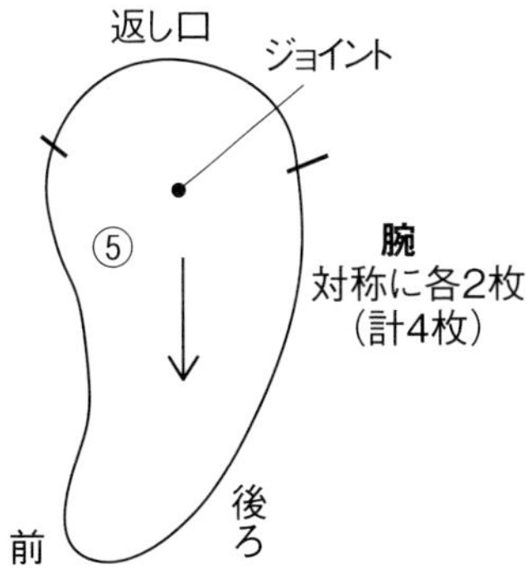
返し口
ジョイント
⑤
腕
対称に各2枚
（計4枚）
前
後ろ

ネコバージョン

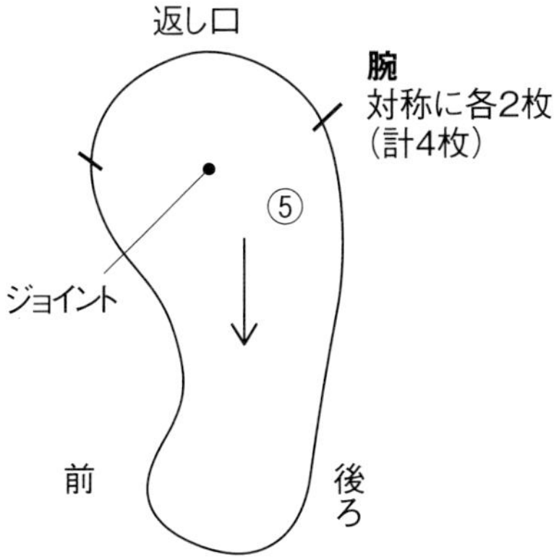
返し口
腕
対称に各2枚
（計4枚）
⑤
ジョイント
前
後ろ

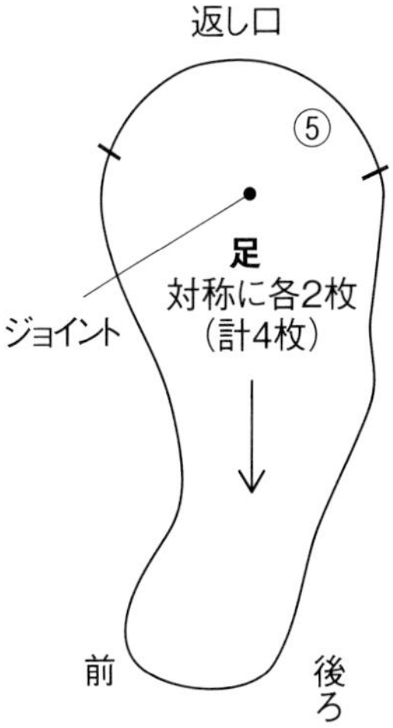
返し口
⑤
足
対称に各2枚
（計4枚）
ジョイント
前
後ろ

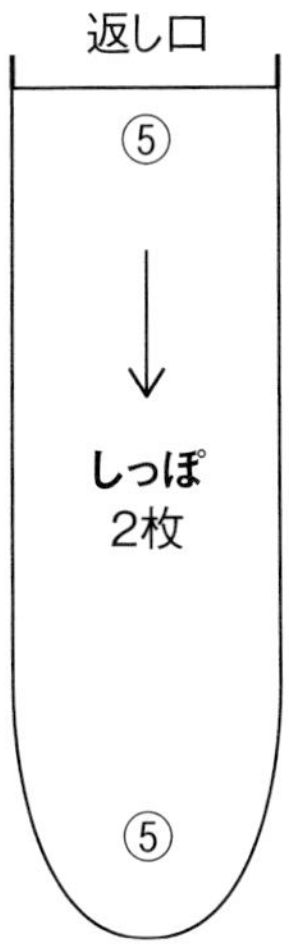
返し口
⑤
しっぽ
2枚
⑤

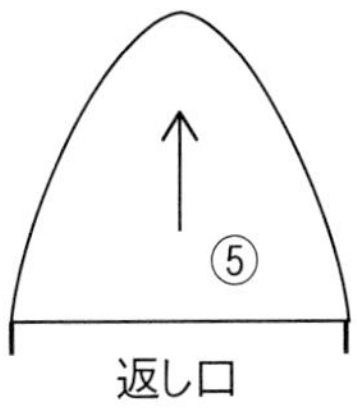
⑤
返し口

耳
モヘア　2枚
前面布　2枚
（計4枚）

7

アヒル

how to make…P.58

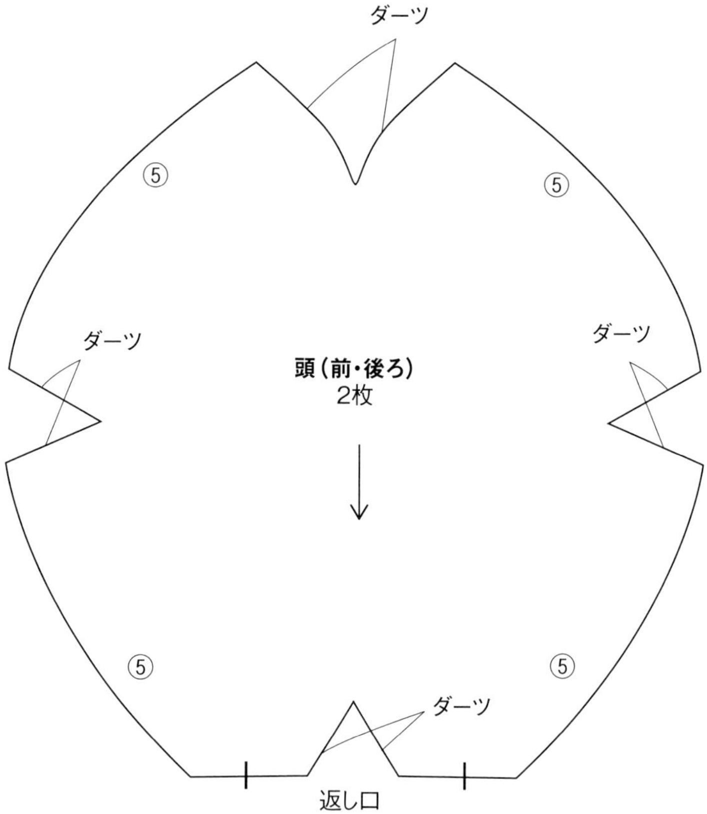
ダーツ
⑤
⑤
ダーツ
ダーツ
頭（前・後ろ）
2枚
⑤
⑤
ダーツ
返し口

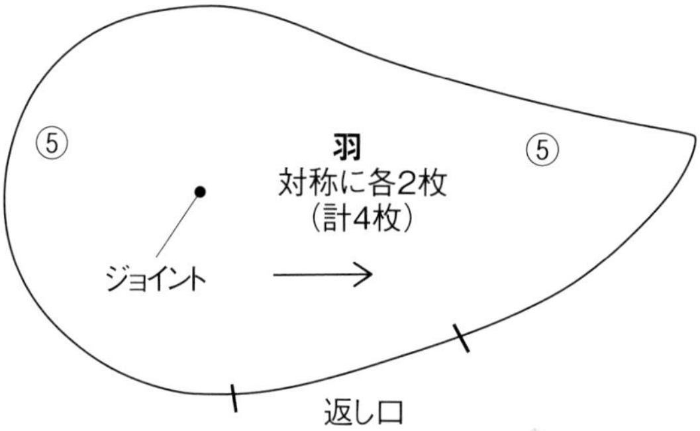
⑤
羽
対称に各2枚
（計4枚）
⑤
ジョイント
返し口

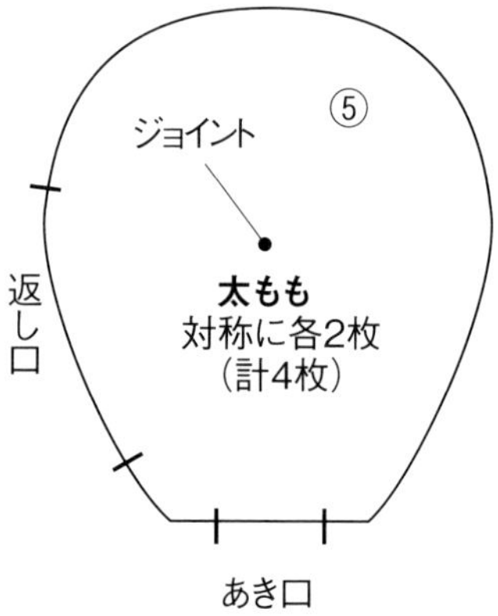
ジョイント
⑤
太もも
対称に各2枚
（計4枚）
返し口
あき口

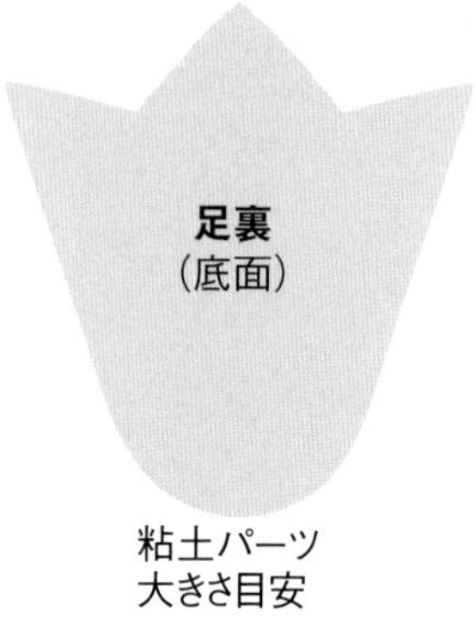
足裏
（底面）
粘土パーツ
大きさ目安

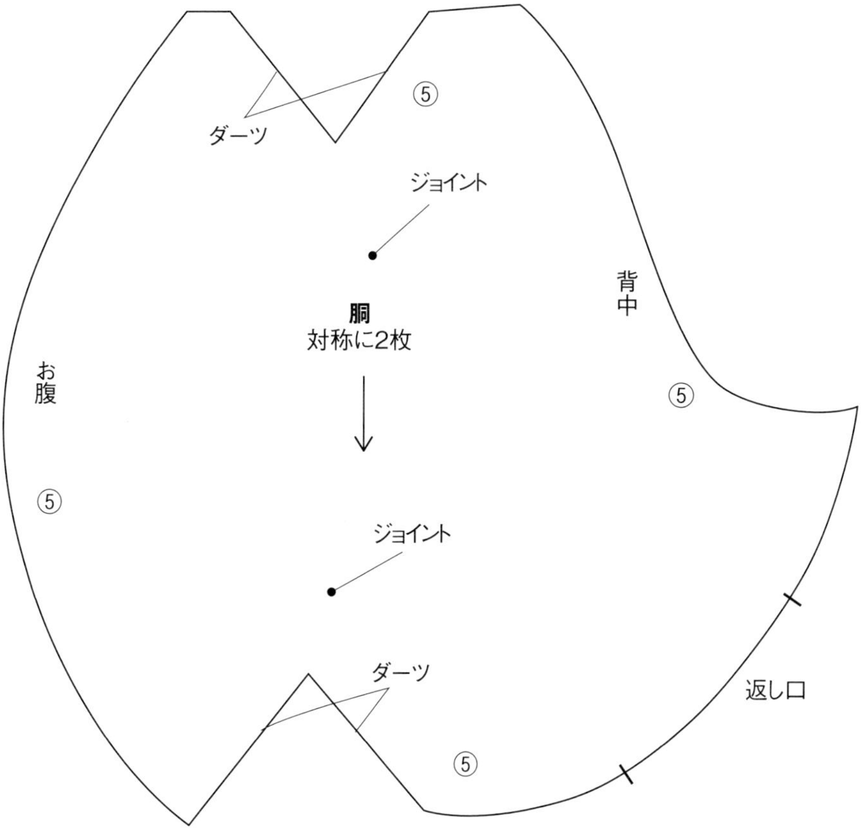
ダーツ
⑤
ジョイント
胴
対称に2枚
背中
お腹
⑤
⑤
ジョイント
ダーツ
返し口
⑤

8

小さい鳥

how to make...P.62

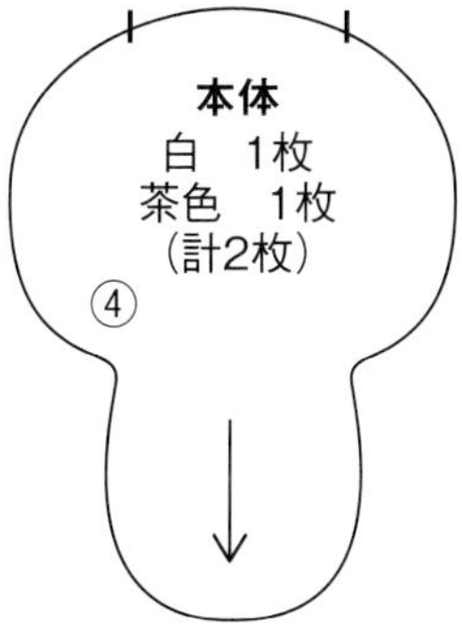
返し口
本体
白　1枚
茶色　1枚
(計2枚)
④

9

かんたんベア

how to make…P.64

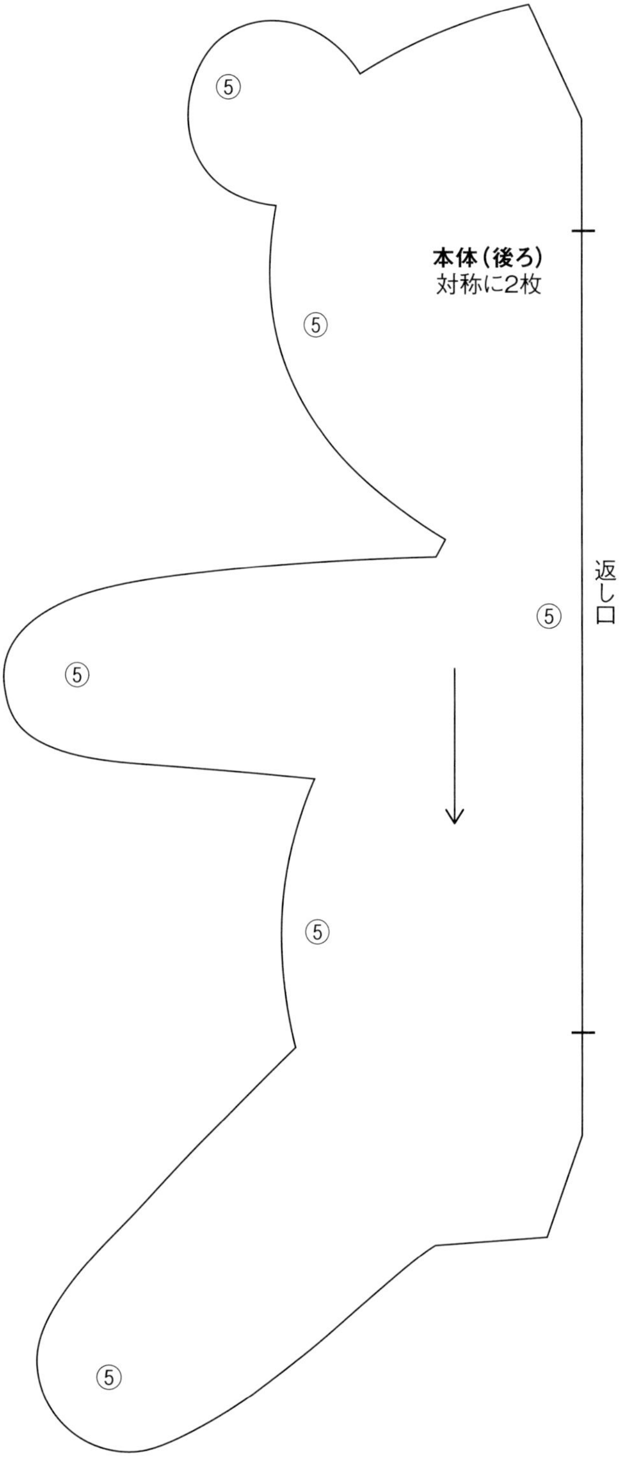

⑤
本体（後ろ）
対称に2枚
⑤
返し口
⑤
⑤
⑤
⑤

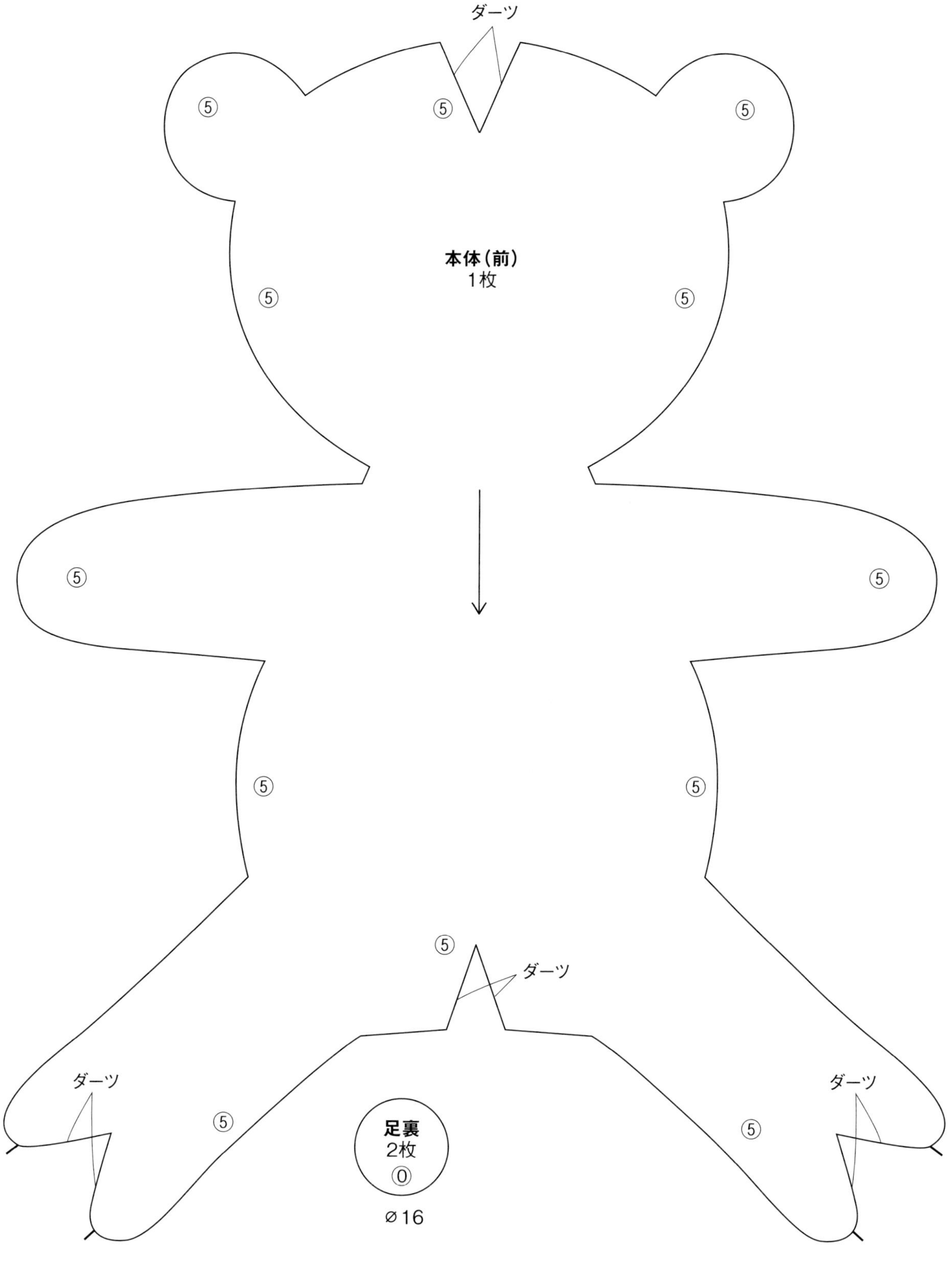
ダーツ
⑤
⑤
⑤
本体（前）
1枚
⑤
⑤
⑤
⑤
⑤
⑤
⑤
ダーツ
ダーツ
ダーツ
⑤
⑤
足裏
2枚
⓪
ø16

かぶりものＡタイプ

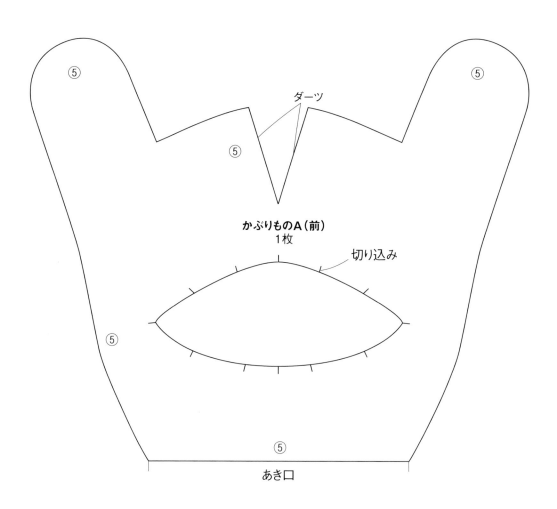

ダーツ

⑤

⑤

⑤

かぶりものＡ（前）
1枚

切り込み

⑤

⑤

あき口

かぶりものの仕立て方
1.生地を型紙通りに裁断する。
2.あき口、面ファスナーつけ位置の縫い代を内
側に折り、縫う。
3.ダーツを縫う。
4.前・後ろの生地を中表に合わせて縫う。
5.後ろ中心(面ファスナーつけ位置の上)を縫う。
6.表に返し、裏側に面ファスナーを縫いつける。

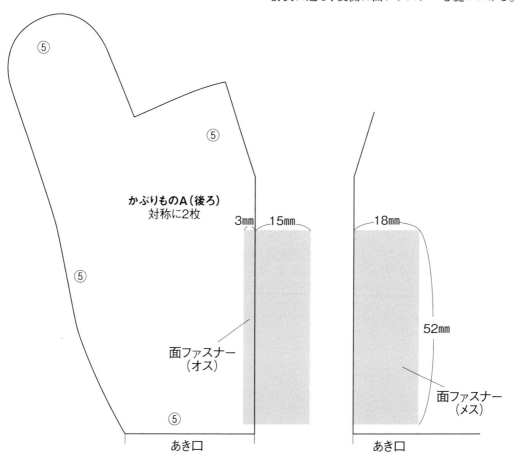

かぶりものA(後ろ)
対称に2枚

3mm   15mm   18mm

面ファスナー
(オス)

52mm

面ファスナー
(メス)

あき口   あき口

かぶりものBタイプ

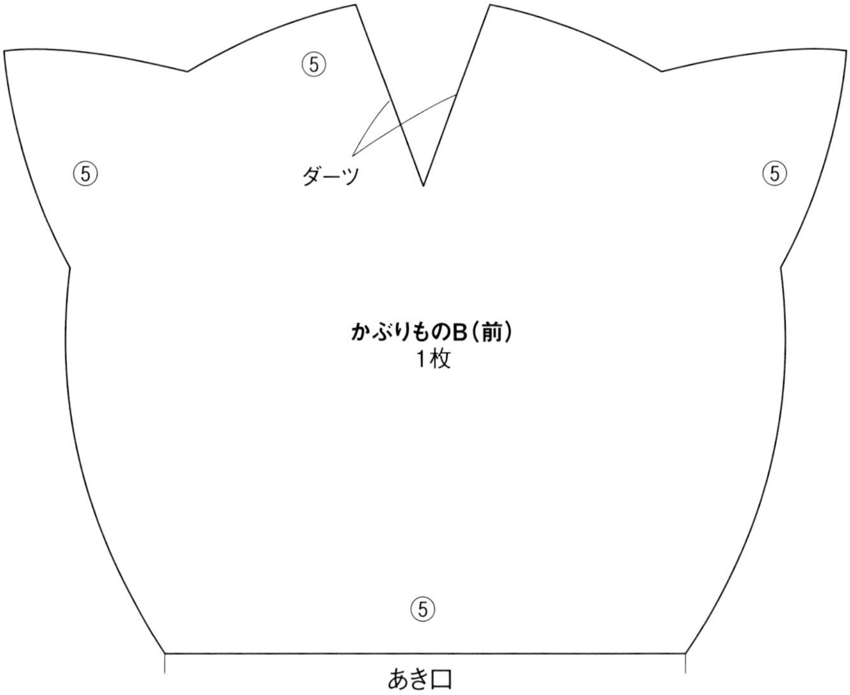
[5]
[5]
ダーツ
[5]
かぶりものB（前）
1枚
[5]
あき口

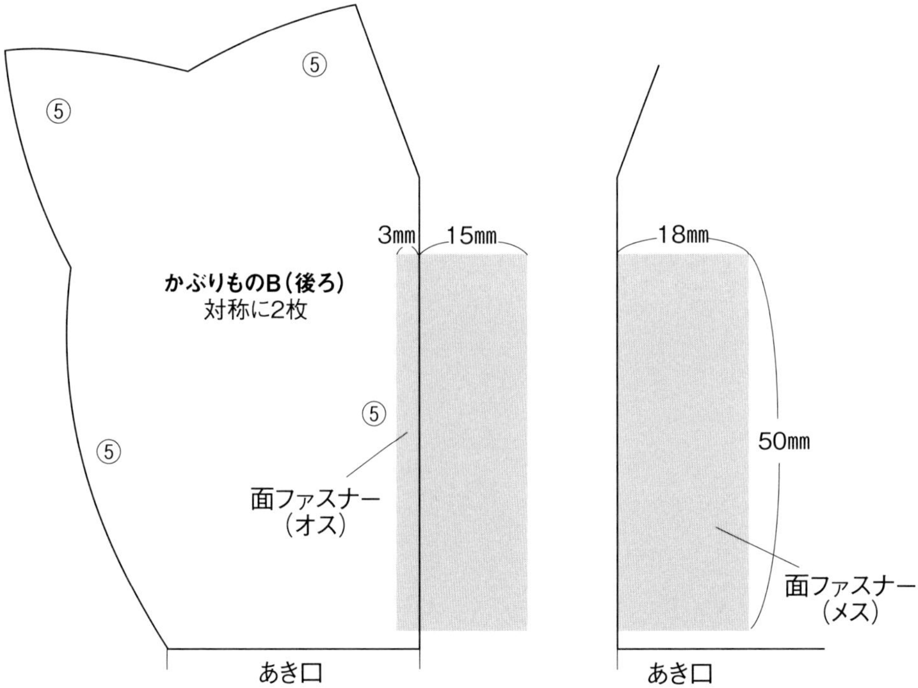
[5]
[5]
3mm
15mm
18mm
かぶりものB（後ろ）
対称に2枚
[5]
[5]
50mm
面ファスナー
（オス）
面ファスナー
（メス）
あき口
あき口

かぶりものCタイプ

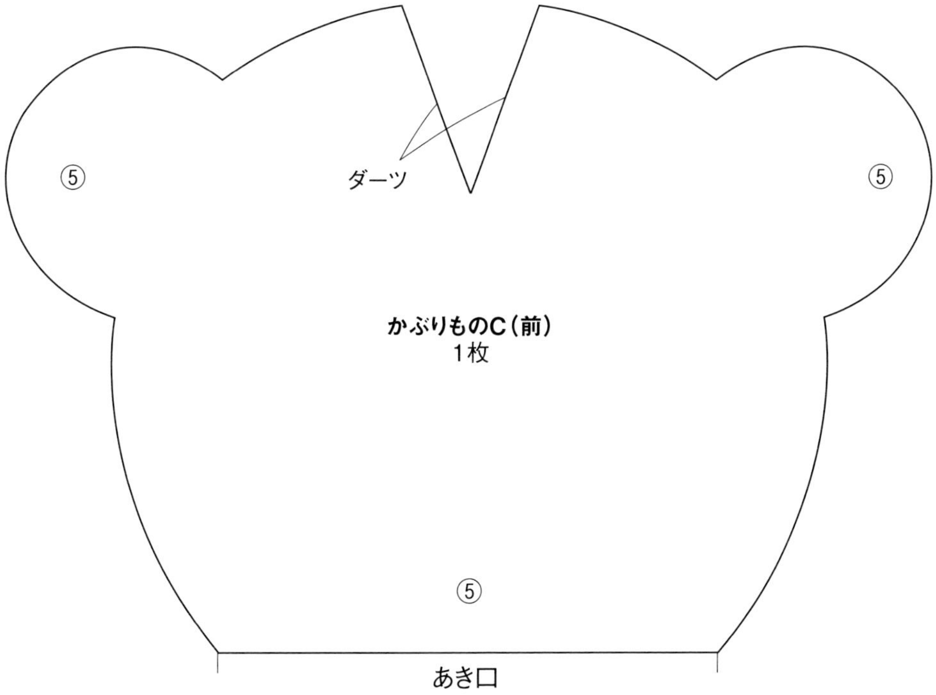
ダーツ
⑤
⑤
かぶりものC（前）
1枚
⑤
あき口

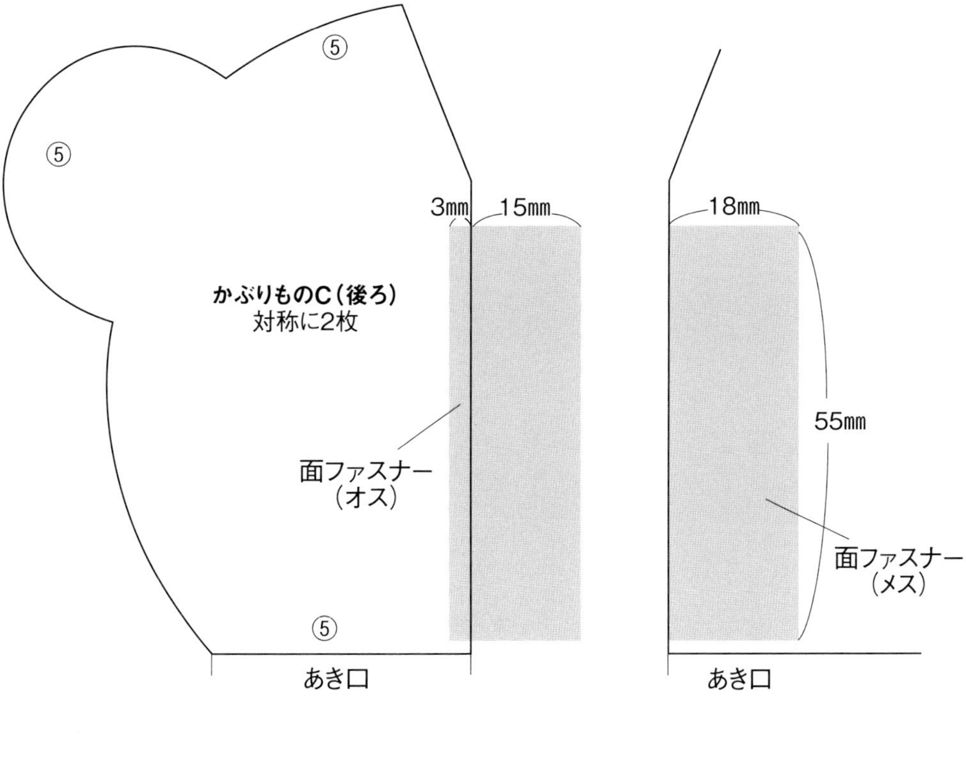
⑤
⑤
3mm
15mm
18mm
かぶりものC（後ろ）
対称に2枚
55mm
面ファスナー
（オス）
面ファスナー
（メス）
⑤
あき口
あき口

10

∧∧

小さい動物

how to make...P.68

ベア

返し口

本体
2枚
④
↓

ヒツジ

返し口

本体
2枚
④
↓

ネコ

返し口

本体
2枚
④
↓

ウシ

返し口

本体
2枚
④
↓

ゾウのパンツ

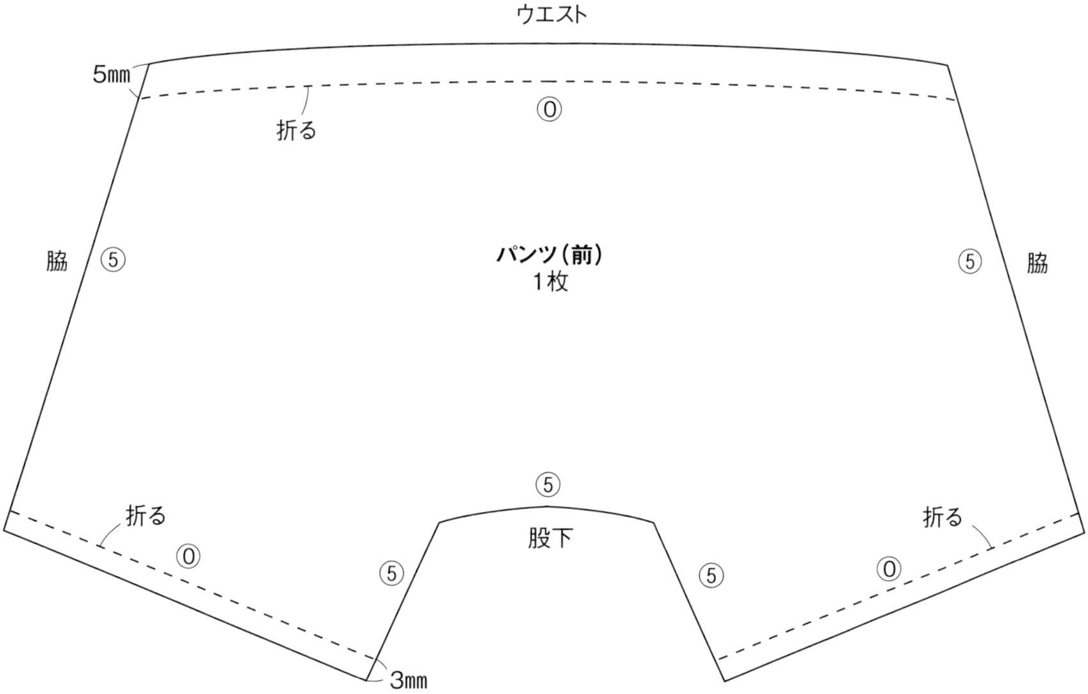
ウエスト
5㎜
折る
[0]
脇
[5]
パンツ（前）
1枚
[5]
脇
[5]
折る
[0]
股下
[5]
[5]
折る
[0]
3㎜

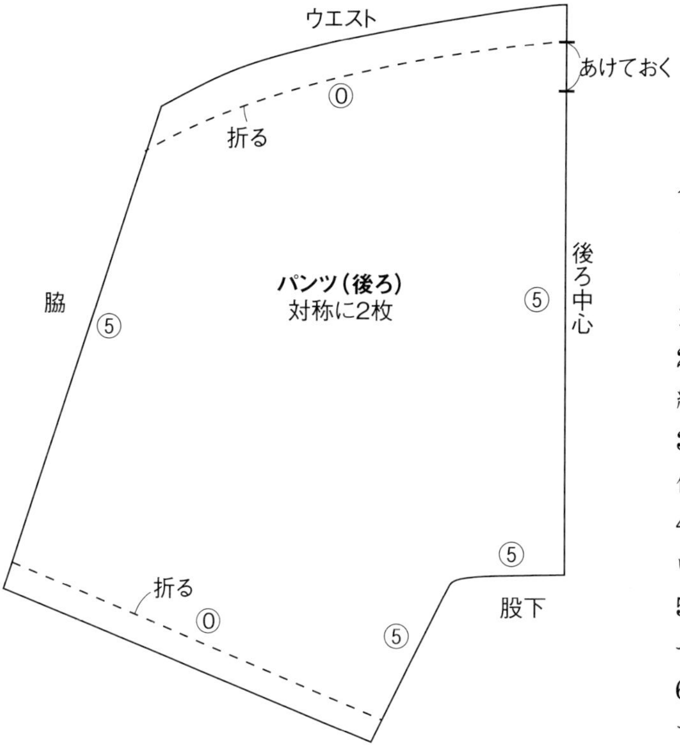
ウエスト
あけておく
[0]
折る
脇
[5]
パンツ（後ろ）
対称に2枚
[5]
後ろ中心
[5]
折る
[0]
[5]
股下

パンツの作り方

・コットン生地 ― 25×25㎝
・ゴムひも（細いもの） ― 15㎝

1. 生地を型紙通りに裁断する。
2. 裾を端から3㎜の位置で内側に折り、縫う。
3. 後ろ中心を中表に縫い合わせ、縫い代を割る。
4. 前と後ろを中表に合わせて両脇を縫い、縫い代を割る。股下も縫う。
5. ウエストを5㎜折って、ゴムひもが通せるすき間をあけて縫う。
6. 表に返し、ウエストにゴムひもを通す。後ろ中心のあき口から出して結ぶ。

ippo たおか

大学卒業後、国家公務員として勤務する傍ら、絵画、造形物を
制作し続け、数々の作品展に出展。2015年に退職し、本格的に
作家活動を開始。ぬいぐるみ教室「i-ppo handmade」主宰。
https://www.i-ppo-handmade.com

デザイン ― 塙 美奈［ME&MIRACO］
撮影 ― 加藤新作　寺岡みゆき
スタイリング ― 伊東朋惠
型紙トレース ― 大森裕美子［tinyeggs studio］

材料協力 ― 株式会社パジコ

自分好みの色・柄に染めて作る
へんてこ動物ぬいぐるみ

2023年7月20日　発　行　　　　　　　　　　NDC594

著　　　者　ippo たおか
発　行　者　小川雄一
発　行　所　株式会社 誠文堂新光社
　　　　　　〒113-0033 東京都文京区本郷3-3-11
　　　　　　電話03-5800-5780
　　　　　　https://www.seibundo-shinkosha.net/
印刷・製本　図書印刷 株式会社